国家社会科学基金项目（17BYY074）"西北三声调方言的连字调研究"
教育部人文社科项目（15YJA740057）"西北方言声调合并现象研究"
双一流"学院自主建设项目"（00119361）

西北官话
单字调合并现象研究

衣　莉◎著

知识产权出版社
全国百佳图书出版单位
—北京—

图书在版编目（CIP）数据

西北官话单字调合并现象研究 / 衣莉著 . —北京：知识产权出版社，2019.12
ISBN 978-7-5130-6618-1

Ⅰ . ①西… Ⅱ . ①衣… Ⅲ . ①西北方言—研究—中国 Ⅳ . ① H172.2

中国版本图书馆 CIP 数据核字（2019）第 254137 号

内容提要

本书是针对甘肃、青海、宁夏和新疆汉语方言声调的研究，共调研了 265 位发音人，143 个方言点，比较全面地分析了西北官话单音节字调合并的现象，并且探讨了部分成因。

责任编辑：高　源　　　　　　　　责任印制：孙婷婷

西北官话单字调合并现象研究
XIBEI GUANHUA DANZIDIAO HEBING XIANXIANG YANJIU
衣　莉　著

出版发行：知识产权出版社 有限责任公司	网　　址：http://www.ipph.cn
电　　话：010-82004826	http://www.laichushu.com
社　　址：北京市海淀区气象路 50 号院	邮　　编：100081
责编电话：010-82000860 转 8701	责编邮箱：laichushu@cnipr.com
发行电话：010-82000860 转 8101	发行传真：010-82000893
印　　刷：北京中献拓方科技发展有限公司	经　　销：各大网上书店、新华书店及相关专业书店
开　　本：710mm×1000mm　1/16	印　　张：13.25
版　　次：2019 年 12 月第 1 版	印　　次：2019 年 12 月第 1 次印刷
字　　数：210 千字	定　　价：68.00 元

ISBN 978-7-5130-6618-1

序

朱晓农

这本书很有意思，从来都是谈语言的起源、声调的起源，多如牛毛，但声调演化的另一个方向，即声调逐渐合并到转化为语调、重音的研究就很少，恕我孤寡，还是第一次看到有系统著述。

语言的演化过程中，会出现某些语音成分逐渐消失的现象，如元音 o 或辅音 p 的消失。声调的演化不是如此，它更像是一个轮回，从无到有，再从有到无。

我写过一系列关于声调产生的文章，最近一篇综合性的《声调发生的五项前提》（待发）中有一个声调演化流程图（见下），也就是这样一个轮回圈了！恰好最后一环是西北官话声调逐渐合并，到转为重音的前夕，现在衣莉教授的大作来了，详细告诉我们这个过程的点点滴滴，以及是不是要有什么特别的关注。

声调轮回中的最后一轮，就是本书所研究的声调合并过程。汉语声调一开始，大约 1500 多年前有 8 个。后来在少数方言中增生了些，比如大家熟悉的广州粤语，入声多了一类，所以有 9 个调类。湖北监利的张先村赣语再多一个，有 10 个（王彩豫、朱晓农，2015）。广西勾漏片粤语十三四个的都有（那一带最多的有 15 个，不过是侗语，在贵州榕江县口寨村，见朱晓农、韦名应、王俊芳，2016）。最近在赣北修水县渣津镇又发现了 16 调系统（周颖异、朱晓农，待发）。当然，这些都是在南方湿热地带有发声态的声调系统。相比之下，没有发声态的调系，包括绝大多数官话、粤语、客家话和闽语方言，他们走的路大多是调系简化（除了部分勾漏片、少数广府片粤语和少数闽北话），与此同时还跟多音节词的增加相辅相成。

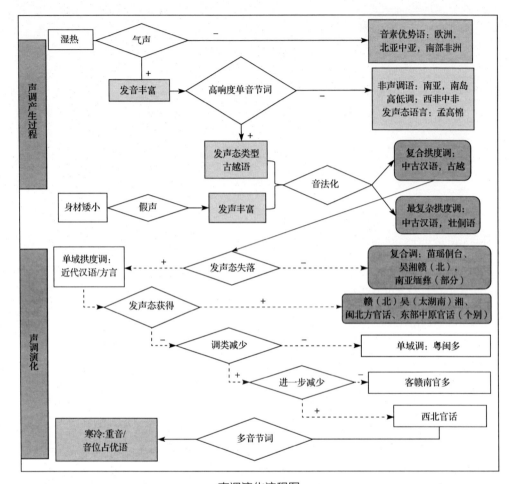

声调演化流程图

在此简化过程中，闽语有的只有六七个声调了，客家赣南有的只有五六个声调了，官话大多只剩四个调类，甚至还有剩三类的，这在冀北和胶东有几个县，但更多的是在西北官话中。衣莉教授和我合作过一篇文章（2015），关于西北声调类型的，发现那儿的四调系统已不占多数（47%），三调系统与之并驾齐驱（47%），竟还有6%的二调系统，单字调只剩下了两类（连字调有三类），这就跨入了声调的衰亡期，只差一步就消亡了。

那篇文章只是个序幕，正剧出现在本书中。本书无论是收集语料还是数据分析都有创新之处。按照西北方言声调的分布，在四个省选取了八个调查点，并以这八个点为核心，呈辐射状做全面纵深的调查，特别是深入考察甘肃省境内的方言点，针对西北官话声调发生了变化的，或者声调正在合并、衰减的方言点的语音材料，尽可能从广度（方言点的涵盖度）和深度（人数的涵盖度）上全面收集整理，共调查 265 位发音人，143 个方言点。除了声学数据上传成为语料库之外，还绘制了每一位发音人的声调归一图，从某种程度上讲，弥补了不同方言点之间比较时的材料匮乏问题。

具体的细节我这里就不一一介绍了，有兴趣的读者会怪我预先剧透的。总之，就书而言，衣莉教授的这部著作从方法到概念都是全新。读者也许从这儿或那儿能读到单篇文章中涉及的这些方法和概念，但集中运用于一部书中，进行一项区域类型分析，本书具有示范性作用。

这是衣莉教授的第一部专著。衣莉以前参与过多项翻译工作，撰写过多篇专题论文，但作为专著，这是第一部，而且出手不凡，真让人期待她下一部著作。

2019 年 9 月 12 日

第一章

概　论

第一节　研究缘起

一、西北官话的区域范围与特点

中国在行政区划上被分为七个大片区 ❶，其中有两个片区的人在谈到自己的归属籍贯（或者出生地）时，一般不会特别强调自己的省份，他们会首先认同大的片区范围，其次才是对省籍的认同。不像有些其他省份的人很在意自己的行政归属，例如，笔者好几次把重庆人错认为四川人时，都被对方纠正过来。而上述这两个片区的人则不同，他们一个是"东北人"，一个是"西北人"。究其原因，一方面是历史的原因，这两个地区的行政区划一直都在变化之中。例如，清代设"甘肃省"时，首府在凉州，管辖范围包括今天新疆东部的大部分地区、内蒙古西部额济纳旗和阿拉善右旗、青海东部的部分地区及宁夏的全部。另一方面，则与他们相近的风土人情和方言不无关系。"西北"虽然在行政区划上包括陕西省，但这个称呼主要还是指 400 mm 降水以下的地区，也就是著名的"胡焕庸线" ❷ 以西、青藏高原以北的地区。

根据熊正辉、张振兴（2008:97–108）的分类，中国境内的汉语方言可分为十个大区：官话、吴语、闽语、客家话、粤语、湘语、赣语、徽语、平话土

---

❶　华东、华北、华南、华中、东北、西南、西北。

❷　胡焕庸线（Hu Line，或 Heihe–Tengchong Line，或 Aihui–Tengchong Line），即中国地理学家胡焕庸（1901—1998）在 1935 年提出的划分我国人口密度的对比线，最初称"瑷珲—腾冲一线"，后因地名变迁，先后改称"爱辉—腾冲一线""黑河—腾冲线"。

话和晋语。在李荣（1985a:2-5）"官话方言的分区"一文中，他把"晋语"从"北方官话"中分出来，又提出用"古入声字的今调类"给官话分区。按照他的分类，西北方言包括兰银官话、中原官话和晋语。从本书研究的范围看，涉及的西北官话主要是兰银官话和中原官话。张盛裕、张成材（1986:93-105）将陕甘宁青四省的方言分别归入晋语、中原官话、兰银官话和西南官话。刘俐李、周磊（1986:161-171）进而将新疆汉语方言北疆片划入河西片，而周磊（2005:271-278）认为可以将北疆片单独视为一个分支，将兰银官话分为金城、河西、银吴和北疆四个小片，同时还取消了新疆维吾尔自治区的北京官话片，分别划归兰银官话北疆片和中原官话南疆片。本书所涉及的方言范围不包括陕西省，主要指的是中原秦陇、中原陇中和兰银官话，在此处统一称其为西北官话。这个区域范围内的方言除了语法、词汇有自己的特点外，声调也有自成一派的特色，最突出的就是单字调调类比较少，连字调的调形较单字调调形更加丰富。邓文靖（2009b:66-72）通过对近50年文献的梳理，总结出新疆、青海、甘肃、宁夏和内蒙古西部的部分地区分布了131个三声调的方言点，其中包括中原官话68个点，兰银官话63个点。朱晓农、衣莉（2015:1-11）针对西北五省区（陕甘宁青新）的兰银官话（包括金城、河西、银吴、北疆片）、西部中原官话（以下简称"西原"，包括关中、秦陇、陇中、南疆片）和北京—东北官话（北疆）77个点的声调进行了考察、录音，并且在这些一手声学材料的基础上，做了一个类型学的探讨，发现西北官话从东到西幅度很宽，其声调分布基本的格局类似于一个马鞍。马鞍中央有7个方言点的声调单字调少至2个调类，向西、向东分布的金城、河西和陇中片有很多方言点是3个调类，再往两边扩展开去的秦陇、关中、南疆、北疆、京北的方言点是4个调类。

至于为什么会有这样调类减少的现象，不同的学者给出了不同的解释。最广泛的说法是"接触说"。例如，邓文靖（2009b:66-72）认为这131个三声调方言点的形成与阿尔泰语的接触有关。其他类似的研究也提到西北地区无声调的少数民族语言对汉语方言的影响，如针对红古（雒鹏1999:74-77；莫超、朱富林2014:43-46；张文轩、邓文靖2010:85-88；武波、江荻2017:24-31）和宁夏银川的研究（张安生2005:77-84）。笔者在早期的调查中，也很认可这样的看法（衣莉 2014）。特别是从地理位置和人口分布上来看，这方面的相关性很明显。例如，兰州市红古区就与青海民和土族自治县相邻，青海省的大通县则位于回族、土族自治县之间，西宁也有大量讲蒙语和安多藏语（无声调）的居民。这种解释初看是有一定道理的，但是目前我们也只能讨论"接触"与"单字调减少"之间的相关性，而无法确定"接触"是否是形成单字调减少的动因。因为从社会语言学的角度来看（Labov 1963，1966），一般都是强势语言影响弱势语言，汉语普通话是国家通用语，全国上下所有的媒体、网络，所有的基础教育场所都以汉语普通话为主。如果谈接触影响，应该是汉语普通话影响汉语方言或者少数民族语言，而不是相反。但结果却是汉语方言的单字调减少，而不是阿尔泰语出现声调。如果我们进一步从一个更大的图景来考察这个问题，就会发现"接触"这个解释的语言学意义不大，不能达到阐释一般规律的目的。因为单字调合并、减少的现象同样也发生在东部官话（冀北、胶东）（钱曾怡 2000:1-9）中，在冀北和胶东地区并没有阿尔泰语的人群，此时用什么来解释单字调的减少呢？

对此，就有研究者从别的角度来考察声调减少的原因。钱曾怡（2000:1-9）在其《从汉语方言看汉语声调的发展》一文中很有预见性地提到声韵母对汉语声调发展的制约作用。兰州话的辅音音位［从其他文献中发现甘肃张掖（黄大祥 2009:342-352）、陕西西安（王军虎 1995:81-93）、山东枣庄（王希文 1991：224-231）、山西永济（吴建生、李改样 1989：149-151）、山西临猗（王临惠 2003:277-288）都记录有这样一组塞擦音。］（Yi & Duanmu 2015:819-842）在语音实现层面的确多出来一套塞擦音，那么声韵母与声调的互动对于单字调的减少是否有关系呢？张世方（2000:48-61）在《汉语方言三声调现象初探》一文中特别提到，目前方言中声调正在经历的变化与一些方言连调系统有关系。在笔者进行田野调查录音的时候，甘肃临夏市的发音人对于双音节的词有更好的语感，而兰州城关区的发音人则认为字表中三音节词的语感更自然。这是不是也为我们提供了一个很有趣的思路和方向，即西北官话的最小语言单位也许不是单音节的词，那么单音节字调的减少，或者模糊化是不是就有了比较合理的解释方向？

还有一些学者试图从语言演化的角度来阐释这个问题。朱晓农（2018:113-

132）在《演化比较法：如何进行声调演化的研究》一文中提到声调的产生、消失会因为环境气候的外在因素而改变。炎热的气候会导致发声态的多样化，从而激发声调的产生。以此类推，在气候比较凉爽、温度低的地方，是否会引起声调的减少，以及单音节向多音节转化？朱晓农、章婷、衣莉（2012:420-436）提出了一个"纯低调"的概念，这个调类是不以拱度作为区别特征 [-Cnt] 的纯低型，其语音变体在正常域里涵盖最低降拱 {32}❶、最低平拱 {22}、最低升拱 {23}、低凹拱 {323/324} 等各种低调，同时可附带非区别性的嘎裂声或者气声。如北京话的上声 [214/21]、天津话阴平 [11/21]、广州话阳平 [11/21] 都属常域纯低调。纯低调这个概念的确立是建立类型学的首要条件。兰州话的上声与去声的合并就与声调格局中高调和纯低调形成对立以达到更大的声调空间有关（衣莉等 2017:81-88；衣莉 2018:73-80）。

综上所述，西北官话的声调有其与众不同的特色，而且很多方言点正处于一个动态的变化之中，对于这个现象的观察、科学的描写和分析，都有利于揭示声调演化、变化的一般规律。

二、兰州话的个案意义

兰州话属于兰银官话金城片，处在兰银官话分布区的中间位置，向东有银吴片，向西有河西片。兰州话曾被认为是兰银官话三声调方言的一个例外（张燕来 2003；周磊 2005）。已有的大部分文献都将兰州话描写为四个单字调（见表 1-1）。笔者在 2010 年调查西北方言时，录制了两位女性发音人的单字调（如图 1-1），发现她们的上声和去声都有合并的趋势（衣莉 2014；朱晓农、衣莉 2015:1-11）。对此，张冠宇也有类似的看法（张冠宇 2012:12-18）。张世方（2000:48-61）认为，兰州话在兰银官话"银川型官话"的影响下，有成为三个声调的趋势，不同的是他认为合并的是阳平和上声。此外，几处文献的调值描写分歧也很大，如阴平在 14 处文献中有 12 处被描写为降调，而且一般看法都认为兰州话阳平是个高降调，阴平是个低降调，但是文献中对于兰州话阴平和阳平调值的描写很不一致，甚至有完全对立的结论：高葆泰（1980:224-231）和王毓兰（1983:13-17）对阴平和阳平调值的描写就完全相反 [31/53]:[53/31]。

---

❶ 花括号 "{}" 表示声调的语音实现，不是音位性（调位性）的符号，详见朱晓农（2012）。

张安生（2005:77-84）认为阴平有平调和降调两种形式，宋法仁（1991:59-62）则将其描写为平调。上声的分歧更为突出，有降、凸、平、升几种描写。

表1-1 14处文献中兰州话四声的调值

序号	出处	年份	类数（个）	阴平	阳平	上声	去声
1	宋法仁	1991	3	44	41	>阴平	314
2	雒鹏	2007	4	544	53	332	213
3	张安生	2005	4	44/42	53	354/4421	113
4	兰州大学中文系	1963	4	53	52	453	213
5	黄伯荣、赵浚	1960	4	53	52	442	213
6	刘伶	1983	4	43	51	442	13
7	王森、赵小刚	1997	4	31	53	442	13
8	张燕来	2003	4	31	53	442	13
9	张文轩、莫超	2009	4	53	51	44	13
10	邓文靖	2009	4	53	51	44	13
11	高葆泰	1980	4	31	53	33	24
12	刘俐李	2004	4	21	53	33	24
13	王毓兰	1983	4	53	31	42	24
14	张冠宇	2012	3	43	51	23	12

注：转引自朱晓农、衣莉 2015

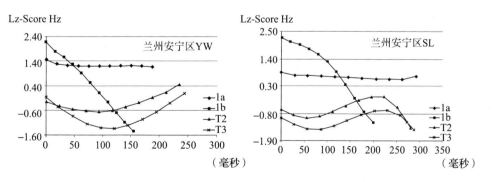

图1-1 兰州话发音人 Lz-Score 声调归一图

注：[左]兰州话发音人 YW；[右]兰州话发音人 SL（转引自朱晓农、衣莉 2015）；
地名后大写字母表示发音人姓名缩写，下同

　　有鉴于此，笔者于 2015 年在兰州市的四个城区（城关区、西固区、七里河区、安宁区）❶ 进行了深入的调研，特别针对兰州话阴平和上声的单字调进行了调查。调查发现，兰州话的阴平和上声都存在调位变体，阴平有降调和平调两个变体，上声有凸调、凹调、两折调和升调多个变体，这与张安生（2005:77-84）的记录相符。而且笔者通过听辨实验进一步证实了前期的发现，即兰州话上声和去声渐趋合并，正在逐渐成为一个三声调的方言。调查结果（衣莉等 2017:81-88）还显示，兰州话单字调的演化有多重原因，双字调模式扮演了很重要的角色，单字调的音系化过程中，其他社会语言学的因素，如性别、年龄、地区分布等也都扮演了不同的角色。

　　此调查共有兰州话发音人 36 人（2 人为 2010 年调查，34 人为 2015 年调查），其中男性 15 名，女性 21 名。有一名男性发音人（CTY）因录音环境的问题，基频数据无法提取，不能做 Lz-Score 基频归一图，但是可以用听辨来归纳。还有一名男性发音人（DXY）话语中掺杂了大量普通话的发音，不符合要求，被剔除在分析数据之外。被调查人年龄最小的 15 岁，最大的 79 岁，教育程度涵盖小学到大学，职业包括警察、教师、学生、工人（含退休工人）、销售人员和无固定职业的人。值得一提的是，有两个家庭的成员参与了深度调查，主要用来针对代际的音变研究。图 1-2 分别展示了被调查人性别、年龄、职业、教育程度和城区的分布情况。

　　调查结果显示了兰州话阴平单字调两种变体共存的情况，并且平调正在渐渐取代降调。我们从图 1-3 可以看出，阴平和阳平的相互关系有阳平高降、阴平低降，阴平、阳平重合，以及阴平平调、阳平降调三种情况。也就是说，阴平和阳平本身的高低区分并没有以往描写的那么明显，至少对有些发音人来说是如此。这也从另一方面解释了为什么以往对阴平和阳平调值描写会出现那么显著的差异。

　　我们简单统计了一下兰州市每个城区中阴平字平调调形和降调调形的分布，发现城关区发音人的平调调形占绝对优势，西固区和七里河区的发音人将阴平发为降调的比较多，但不像城关区的对比那么明显。安宁区的发音人都将阴平

---

　　❶ 行政区划上属于兰州市的榆中县、皋兰县、永登县和红古区的声调模式与城关四个区的声调模式有显著差异，不在此范围之内。

发为平调，但是其人数本身比较少，不构成统计学意义。

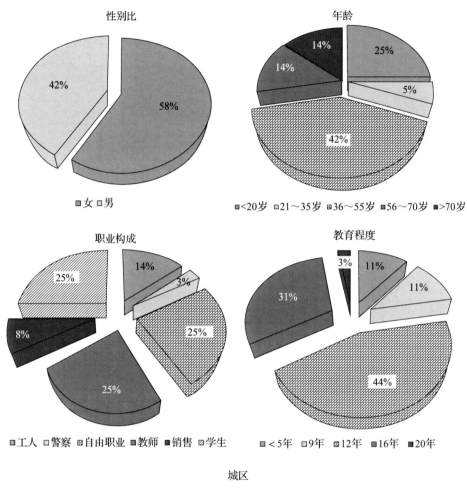

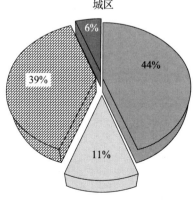

图1-2 兰州发音人性别、年龄、职业、教育、城区分布

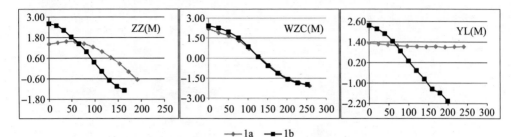

—◆—1a —■—1b

图1-3 兰州话阴平的三个变体形式

从年龄分布看（如图1-4），以40岁为界限，阴平为平调的发音人有6人大于40岁，3人等于40岁，12人小于40岁；阴平为降调的发音人有11人大于40岁，1人小于40岁。由此可见，年龄是一个重要因素。

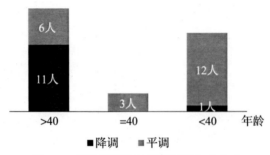

■降调 ■平调

图1-4 阴平平调和降调调形的年龄分布

从职业和教育程度分布看（如图1-5），阴平为平调的发音人中教师8人，学生7人，工人4人，无固定职业3人，销售1人。其中，教育背景硕士研究生1人，大专（大学）学历10人，高中11人，小学1人。阴平为降调的发音人中警察1人，教师1人，销售1人，工人2人，无固定职业6人，学生1人。其中，大专（大学）学历1人，高中4人，初中4人，小学3人。总体来看，学历越高、职业越固定的人越容易将阴平单字调发为平调。

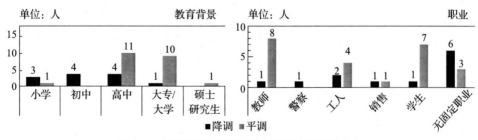

■降调 ■平调

图1-5 阴平平调和降调调形的教育与职业分布

我们用相关因素分析来看性别、职业、年龄、教育程度等与阴平是平调还是降调的相关性是否显著。为了方便分析，首先将各要素分组，并用数字表示，其分组情况见表 1-2。

表 1-2　要素分组

1a	性别	城区	职业	年龄	教育背景
0= 降调	1= 男性	1= 城关区	1= 教师	1= 小于 40 岁	1= 小学
1= 平调	2= 女性	2= 西固区	2= 学生	2=40 岁到 60 岁	2= 初中
—	—	3= 七里河区	3= 工人	3=60 岁以上	3= 高中
—	—	4= 安宁区	4= 无	—	4= 大专
—	—	—	5= 警察	—	5= 大学
—	—	—	6= 销售	—	6= 硕士

表 1-2 中的因变量为"1a"，取二值"降调"或"平调"，用 Logistic 回归分析，采用最大似然法，建立似然函数关系，根据概率解释变量之间的关系。需要注意的是，"城区"的样本没有根据各个城区的人口比例采集，所以在每个组内的数量悬殊，这会间接影响相关性的检测结果。因此，对"城区"要素的检测结果说服力较弱，不列入最终的分析结果。

当把所有的变量同时考虑时，得出以下结果，见表 1-3。

表 1-3　R 检验结果

回归系数	估值	标准差	z 值	$P(>|z|)$
截距	58.513	25423.874	0.002	0.998
性别 2	19.869	7263.369	0.003	0.998
职业 2	−57.225	22261.452	−0.003	0.998
职业 3	19.424	7263.369	0.003	0.998
职业 4	−0.659	2.438	−0.270	0.787
职业 5	−2.248	30121.287	0.000	1.000
职业 6	19.895	26923.784	0.001	0.999
教育 2	−39.458	23324.333	−0.002	0.999

续表

回归系数	估值	标准差	z 值	$P(>|z|)$
教育 3	0.504	16009.815	0.000	1.000
教育 4	−37.722	37030.573	−0.001	0.999
教育 5	−18.919	14267.363	−0.001	0.999
教育 6	−58.448	58412.336	−0.001	0.999
城区 2	−38.843	12802.558	−0.003	0.998
城区 3	−39.793	22928.863	−0.002	0.999
城区 4	1.632	43108.417	0.000	1.000
年龄 2	−20.067	18211.719	−0.001	0.999
年龄 3	−39.646	23134.917	−0.002	0.999

截距为所有要素组组 1 的分析情况。从第二行开始，是将每一个分组与组 1 对比，看表格最后一列 P 值是否小于 5%，如果小于 5%，则表示该组与组 1 不相似，可以保留该组。如果大于 5%，则该组可以与组 1 合并，也就是说该因素与 1a 调形相关性不显著。观察结果发现全部分组都存在相似性，相关性都不显著。为排查某一因素相关性不显著而影响其他分组的结果，我们将要素再逐一检测。

首先，年龄的影响最为显著，其结果如表 1–4 所示，年龄 3 与年龄 1 非常不同，而年龄 2 与年龄 1 相似。也就是说，年龄大于 60 岁的人群与其他年龄群之间的差异非常明显。

表 1–4 "年龄"要素检测结果

回归系数	估值	标准差	z 值	$P(>|z|)$
截距	2.398	1.044	2.296	0.02169*
年龄 2	−1.099	1.231	−0.893	0.37212
年龄 3	−3.784	1.310	−2.889	0.387

注：* 表示置信区间

其次，职业分组检验结果如表 1–5 所示，其中职业 4（无固定职业／无职业）与截距有明显差异，其他职业不明显。

表 1-5　"职业"要素检测结果

回归系数	估值	标准差	z 值	P（>|z|）
截距	2.079	1.061	1.961	0.0499*
职业 2	−2.503	1.500	0.000	1.0000
职业 3	−1.386	1.369	−1.012	0.3113
职业 4	−2.773	1.275	−2.175	0.0296*
职业 5	−1.865	2.400	−0.008	0.9938
职业 6	−2.079	1.768	−1.176	0.2395

注：* 表示置信区间

结果显示，年龄与调形的相关性最显著，职业也有一定相关性，而性别、受教育程度等相关性较弱。从以上各项要素的分析中可以看出，相关性最大的因素是年龄和教育程度。最后，我们用三个家庭的个案来探讨一下性别的因素（如图 1-6）。

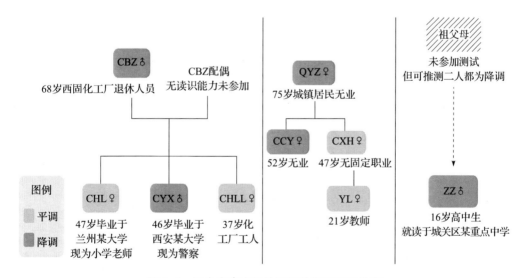

图 1-6　三个家庭成员的阴平单字调调形分布

（左为 CBZ 家庭，中间为 QYZ 家庭，最右侧为推测的 ZZ 家庭，♂代表男性，♀代表女性）

第一个家庭共有 4 名发音人（如图 1-6 左）：父亲 CBZ，68 岁，已退休，原来是西固化工厂的工人；大女儿 CHL，47 岁，小学教师；小女儿 CHLL，37 岁，化工厂的工人；儿子 CYX，45 岁，警察。母亲因为不识字，所以没有读字表，只是参与了访谈调查。需要对比分析的是大女儿 CHL 和儿子 CYX 的阴平单字调，大女儿 CHL 的阴平调形是平调，儿子 CYX 的阴平调形是降调。他们父亲的阴平单字调调形是降调，两人的家庭成长环境一样。从年龄上看，CHL47 岁，CYX45 岁，年龄相仿。两人都是大学本科学历，CHL 在兰州市读的大学，CYX 在西安读的大学。从外因接触的角度看，CYX 是交通警察，每天会接触到各色各样的人，而且他在外地上的大学（距离兰州 600 多千米远），应该有更多的机会被影响，但结果却恰恰相反。这两个发音人的区别验证了拉波夫（Labov 2001:291–294）关于女性在面对语言变异时的观点，即语言出现变化时，女性更快也更愿意选择新的表达方式。

第二个家庭是祖孙三代（如图 1–6 中），外祖母 QYZ，75 岁，城镇居民，无业；大女儿 CCY，52 岁，无固定职业；小女儿 CXH，47 岁，无固定职业，外孙女 YL 是小女儿 CXH 的孩子，21 岁，幼儿园教师，以上 4 个人都从来没有离开过兰州市。外祖母和大女儿的阴平调是降调调形，小女儿和外孙女的阴平调是平调调形。这里主要对比一下两个女儿的情况，她们二人年龄相差 5 岁，都没有固定职业，大女儿 CCY 初中学历，小女儿 CXH 高中学历。调查录音读字表时，大女儿 CCY 表现非常紧张，几次要重新开始，似乎没有和外人接触的经验，读字表的时候还数次被她妹妹 CXH 纠正。从装扮上看，小女儿更加时髦，被问及职业的时候，她说曾经做过销售代表，问她目前做什么，她似乎很自豪地说："现在在家待着，累得很！不工作了！"而大女儿 CCY 虽然也同样不工作，却表现得很不自信，问及工作情况的时候，她的语调明显降低，表达也变得含糊，只说"在家里呢"。由她们二人的表现来看，大女儿接触外界的机会要比小女儿少，可以推测她几乎没有机会感知到阴平单字调的变体形式。从这个案例可以得出如下两点：第一，原有的阴平单字调调形应该是降调；第二，与社会交往的多少和对语言变异的敏感度决定了表达方式的选择。

将第二个家庭的外孙女 YL 和第三个家庭的发音人 ZZ（如图 1–6 右）进行对比发现，ZZ 当时 16 岁，就读于兰州市一所重点中学，位于城关区市中心，他和 YL 一样都是由家里的祖父辈抚养大的。YL 从小由外祖母抚养，现在还生活在一起。ZZ 一直和爷爷奶奶一起生活，他对调查者说自己的父母亲在家里只讲普通话。ZZ 的阴平单字调是个降调，他声称自己的兰州话和他爷爷奶奶说得完全一样，我们假定他爷爷奶奶的阴平单字调也是降调。对比 YL 和 ZZ，二者成长环境类似，年纪都不大，与外界接触的机会相当，YL 的阴平单字调是一个平调，ZZ 是个降调。我们从这一组年轻人的样本可以得出和第一组类似的观点：在兰州话阴平单字调的变体选择中，性别也是影响的要素之一。

观察阴平单字调的两种调形，会产生这样两个疑问：第一，在一个家庭内部共存的两个调形为什么没有产生交流上的障碍。第二，平调调形是如何进入阴平单字调底层的？实际上，将连字调认作底层还是将单字调认作底层并没有一定之规，但是人们习惯上将单字调看作底层（陈渊泉 Chen 2001:50）。本书假设，位于表层的阴平连字调影响了底层的阴平单字调，从而出现调位变体形式——平调调形，并渐渐取代原调位降调。本书所涉及的连字调指的是"普通两字组的连读变调"（李树俨、李倩 2001；李小凡 2002；钱曾怡2001）。

调查发现，阴平字在双音节字调中，无论是前字还是后字，都会读为平调，区别只是时长的不同。表 1-6 所列为双音节字调中阴平处于前字和后字时的几个例词的平均基频数据。

为了更加直观一些，我们将基频数据取了 Log 值，做出每一组词的图例（如图 1-7）。为了显示的方便，图中用 1、2、3、4 分别代表阴平 1a、阳平 1b、上声 Ⅱ、去声 Ⅲ。可以清楚地看出，阴平在双音节字调中，无论前后，总是表现为平调的调形。

这里可以有两种推断：

推断 1：假定阴平单字调的原调形是降调，同时认可单字调为底层，连字调是表层，那么从底层到表层经历了如下的变化：

① 1a 降调→平调 /__T

② 1a 降调→平调 /T__

T= 任何调类（即降调的阴平单字调与其他调类形成双音节连字调时，变成平调调形）。

表1-6　阴平在双音节字调中的基频数据

单位：Hz

调类	字	1	2	3	4	5	6	7	8	9	10	11	12	13	14	15	16	17	18	19	20	时长(ms)
1a+	高	241	241	240	239	239	240	241	243	247	256	—	—	—	—	—	—	—	—	—	—	129
	山	253	253	250	247	241	238	235	235	236	236	236	237	238	236	236	237	238	238	238	237	295
1a	香	242	240	237	232	229	228	230	232	231	228	225	234	233	231	231	—	—	—	—	—	210
	烟	231	232	234	235	234	232	230	228	228	229	229	227	227	226	226	228	227	228	228	228	298
1a+	光	239	237	236	237	239	240	241	241	242	243	243	243	243	243	245	245	246	247	247	—	252
	荣	257	252	243	—	—	—	—	—	—	—	—	—	—	—	—	—	—	—	—	—	170
1b	砂	244	239	232	230	229	228	227	227	227	228	228	227	227	227	—	—	—	—	—	—	208
	糖	248	245	242	237	230	—	—	—	—	—	—	—	—	—	—	—	—	—	—	—	164
1a+	糕	—	227	225	224	223	225	229	231	232	231	229	228	230	229	—	—	—	—	—	—	204
	饼	—	—	188	187	186	184	184	184	184	184	184	184	—	—	—	—	—	—	—	—	189
II	浇	—	—	220	219	219	219	219	219	219	220	220	221	—	—	—	—	—	—	—	—	186
	水	—	—	—	—	170	170	—	—	—	—	—	—	—	—	—	—	—	—	—	—	182
1a+	花	216	216	216	216	215	213	210	207	205	203	203	204	204	207	209	210	206	205	205	205	339
	布	—	362	360	346	332	328	358	359	359	393	395	398	405	—	—	—	—	—	—	—	232
III	仓	—	251	244	242	240	239	240	240	241	241	240	240	240	242	—	—	—	—	—	—	222
	库	—	430	391	391	393	391	390	390	388	424	425	424	424	425	421	415	—	—	—	—	290

续表

调类	字	1	2	3	4	5	6	7	8	9	10	11	12	13	14	15	16	17	18	19	20	时长(ms)
1b+	年	255	—	—	247	245	—	224	224	223	224	226	227	230	226	226	—	—	—	—	—	214
	轻	—	—	—	214	213	215	215	213	211	207	213	212	212	212	212	212	—	—	—	—	289
1a	农	255	254	252	247	242	253	250	248	247	247	246	246	—	—	—	—	—	—	—	—	197
	村	215	214	214	214	213	214	215	216	217	217	217	216	215	215	216	214	—	—	—	—	264
II+	酒	193	193	193	194	202	204	216	218	227	230	231	—	—	—	—	—	—	—	—	—	164
	缸	233	233	231	229	227	227	228	230	232	232	230	230	230	230	230	230	231	231	231	231	310
1a	表	—	178	180	180	182	182	187	195	199	205	—	—	—	—	—	—	—	—	—	—	173
	哥	222	221	217	216	217	219	219	217	216	215	216	216	215	215	216	216	217	218	216	—	302
	教	—	—	—	163	156	155	150	150	150	150	—	—	164	—	—	—	—	—	—	—	—
	师	—	—	—	190	189	186	185	184	184	185	186	187	187	185	186	186	185	186	—	—	300
III+	中	169	168	166	160	159	160	165	166	166	164	160	156	—	—	—	—	—	—	—	—	—
	风	197	195	194	191	190	189	189	190	190	190	189	188	189	189	188	188	188	189	189	189	310
1a	路	178	175	167	166	168	170	172	172	164	164	166	166	167	—	—	—	—	—	—	—	210
	灯	220	220	220	220	220	220	220	220	221	223	224	224	222	222	—	—	—	—	—	—	250

注：序号表示在一个时长上所提取的点；

1a指阴平，1b指阳平，II指上声，III指去声；

"—"代表此处的基频捕捉不到

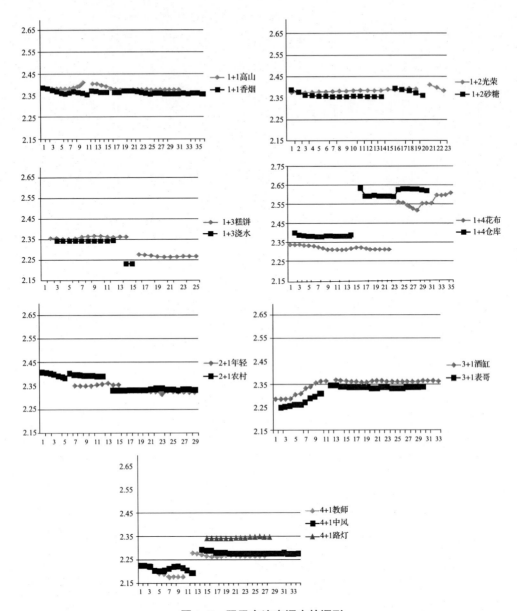

图 1-7　阴平在连字调中的调形

注：阴平为前字（上四图），阴平为后字（下三图），横坐标单位为点，纵坐标单位是 LogHz。

　　我们再进一步推断，当连字调的阴平调与汉语普通话的阴平调都是平调调形时，接受过教育的人群对占主流地位的语音变体更加敏感，更容易产生语音的变异，从而本来处于底层的阴平单字调降调，渐渐被表层的阴平连字调平调调形替代，成为新的单字调形式。还有一种看法认为，阴平原来的高降调是一

个以 [+ 高] 为主要区别特征的调，当孩子在习得这个调类的时候，首先识别出 [高] 这个特征，而高平调也是以 [+ 高] 为主要区别特征，所不同的是，高平的调尾也是 [+ 高]。如果发音的时长比较短，调头的特征最容易保留下来，调尾的特征极有可能被忽略，加上阳平也是一个降调，可以说，阳平与阴平的记录是混乱的。如果阴平被识别为高平调，一是更加容易；二是高平调能够腾出更大的声调空间格局，高平取代高降应该也是一种比较自然的声调演化方向。❶

推断 2：兰州话的双音节字调与单音节字调本来就是两条演化路线，没有底层和表层之分，双音节字调的阴平调与普通话一致，所以在年轻人、女性识别单字调的过程中产生了影响，将单字调逐渐认知为和双字调一致的平调。这一点也解释了为什么一个家庭中会存在两个不同的阴平调形，而不同的家庭成员之间也没有产生交流的障碍。如果按照这一推断来看，或许是因为在交流过程中，双音节字调或者多音节字调才是自然语流的基本表达单位，交流中的大多数表达形式，单音节字调几乎不起作用，交流自然也不会产生歧义。

无论是哪一种推断，结论都是一致的，即兰州话阴平的单字调有两个调形，其中平调调形正在取代降调调形。

兰州话的声调演化开始的时间应该不是很长：一个家庭内部就可以看到共存的两种阴平调形。前面的推断一致认为，普通话的影响对于阴平单字调从降调变为平调有很大的影响，即人们在获取调位的时候，将阴平连字调调形与普通话的阴平单字调等同起来，从而在感知上和产出语音的过程中，逐渐将阴平的单字调发成高平调。

从兰州话的个案研究可以看出，针对西北官话的调查和研究是非常有必要的。首先，类似兰州话这样出现单字调变化的方言点不止一个，酒泉的双字调也呈现出和兰州话双字调一样的特征，针对他们做一些社会语言学方面的方言调查，不仅能够科学地描写方言的本来面貌，而且可以从语言类型学的角度探究语言的演化。其次，也是因为语言是在不断地演变之中，对于语言、方言的科学描写是目前语言学工作者迫在眉睫的一件大事。罗伯特·迪克森（Dixon

---

❶ 这是笔者与凯瑟琳·杨（Cathryn Yang）教授私人交流的看法。

2010:97）曾经在《语言兴衰论》(*The Rise and Fall of Languages*) 中谈到语言保护的问题。他说："语言是最珍贵的人类自由，每一个语言都有着与众不同的音韵、形态、句法和语义结构。只有通过研究各种语言的不同情况，我们才能大致了解与语言活动有关的人类大脑的属性。"他认为，世界上至少 3/4 的语言将会在 100 年之内停止使用，语言学工作者的主要任务就是在这些语言消失之前，把他们都记录下来。最后，在当前这个时代，语言描写还有一个技术上的优势，目前的录音、分析软件都非常先进，而且携带方便。在今天这个信息交流越来越容易的时代，获得语音材料也比以往更加便捷。所以，在今天这个时代，科学地记录语言不仅是必需的，也是可能的。本书希望针对西北官话声调的研究也是这个行动中的一部分，能够为探寻语言的奥秘、进而探寻人类的奥秘做出一点点贡献。

第二节　研究现状和趋势

西北是个比较大的行政范围，针对西北地区各种官话的研究涉及方方面面，有的是针对整个区域做的类型学研究，有的是针对某一方言点进行的描写研究，有的研究涉及句法、词汇，有的研究涉及声调、语气。本书在搜索、整理有关西北官话的研究概况时，针对本书的关注点，从两个大类入手：一是有关西北官话的研究；一是有关调类合并、连字调的研究。

一、有关西北官话的研究

有关西北官话的研究，最早出现在高本汉的《中国音韵学研究》中，其中详细描写了三十三种方言，西北地区包括甘肃兰州府、平凉府和泾川府，以及陕西西安府、三水和桑家镇的方言。他采用了当时语言学家通用的方法，挑选了一个发音人——这个人在所研究地点出生、生长并接受教育，经过他详细考察并确定这个发音人能够代表这一地点的方言之后，详细地将这个人的读音记录下来，作为这个方言点方言的概略描写。之后，很长一段时间的方言研究都是沿着他的这套方法进行的。本书将有关西北官话的研究整理为三个部分：一是针对各个行政区内方言的概况研究；二是跨行政区的方言概述和比较研究；三是针对各个方言点进行的描写研究。

（一）针对西北各行政区的方言概况研究

西北官话总体概况的研究材料非常丰富，有从整体展开研究的，也有针对某个亚方言片区做综述研究的。鉴于大多数的研究以行政区划为界，本书也从这个角度进行逐一梳理。

张成材在《青海省汉语方言的分区》（1984:186-196）一文中，首次将青海省的汉语方言分为西宁、乐都、循化三个小片，并详细说明了三个小片的语音特征；在《青海汉语方言研究五十年》（2006:284-288）一文中，他再次系统地评述了五十年来青海汉语方言研究的进展情况。

在新疆的西北官话研究方面，林端、刘俐李和周磊的研究为其奠定了基础。林端（1987:96-101）最早总结了新疆汉语的声调特点。之后，刘俐李所著的《新疆汉语方言的形成》（1993:265-274）按照移民的先后讲述语言史，内容丰富、史料翔实，虽然材料很多，但是井然有序；《新疆汉语方言语音特点的扩散》（1995:80-86）一文谈到了新疆普通话有别于标准普通话的重要语音特征；《新疆汉语方言研究述评》（1996:96-99）中，刘俐李评价了邓公、曹德和与陈英的研究，注意到新疆鄯善的汉语方言单字调有 3 个调，而连读调有 4 个调，巴里坤、库车话也是类似的情况。之后，她又对轻声的现象进行了特别深入的探讨，提出"单字调处于静态层，连读调处于动态层。层次不同，系统不同，演变规律也不同。所以，银川话、苏州话的动态连调层能保存静态字调层的历史面貌，而乌回话静态字调层发生的变化却不能带动动态连调层同步演变"这样的看法。以上观点是连字调研究中很重要的一个观点，为之后连字调的研究提供了不同的思路。周磊（2007:163-166）在《新疆维吾尔自治区的中原官话》一文中对新疆的西北官话做了一个全景式的描写。董印其、陈岳（2012:68-73）对新疆汉语方言的研究做了综述，董印其（2011a:55-62；2011b:99-108）还先后对新疆汉语方言南疆片与北疆片的分类做了归纳和梳理。

本书认为，针对西北官话在甘肃行政区内的概况研究，雒鹏的研究贡献最大。雒鹏（1994:42-45）的《甘肃汉语方言词法初探》一文，基于对甘肃汉语方言实地广泛、细致地调查，以普通话做参照，从甘肃方言语音的内部屈折变化、词的重叠和附加等词法方面对甘肃方言语法的特点做了较为系统的探讨。在内部屈折变化方面，他又分析了利用声调变化表示不同的语法意义和利用声调及韵母的变化表示不同语法意义的两种情况。他的《甘肃汉语方言声韵调及特点》（2001:120-125）、《甘肃汉语方言研究现状和分区》（2007:1-4）和《甘肃省的中原官话》（2008:65-69）三篇文章分别将西北官话在甘肃省内的分区、语音特点，以及研究现状做了一个详细、深入的概述。本书认为，雒鹏对分区的总结很有价值，提出整体上西北地区的中原官话可以分为秦陇片、陇中片和河州片（临夏、广和、和政、永靖），秦陇片又分陇中、陇东、陇西、洮岷和白龙江小片；西北地区的兰银官话分金城片和河西片，金城片包括兰州市城关区、七里河区、安宁区、西固区（包含临夏回族自治州永靖县黄河以东的三个乡）、皋兰县、榆中县、永登县7个县区和武威市的民勤县、白银市的白银区，以及景泰县南面与皋兰县接壤的一部分。河西片包括河西走廊酒泉、张掖一带。从声调的角度看，金城片内部可分为三个小片：兰州小片，包括兰州市四区、皋兰县、榆中县和武威市民勤县，这个小片有4个单字调；永登小片，有永登县1个点，有3个单字调；红古小片，有兰州市红古区1个点，有2个单字调。尽管这个分类与本书有很多不同和出入，但是雒鹏先生对甘肃省内西北方言的概况研究为后面的调查和研究都打下了非常坚实的基础，之后的很多研究都是在他的研究基础上进行的。此外，还有张黎和刘伶（2013:73-77）的《二十年来甘肃方言语音研究综述》。这是对甘肃汉语方言近20年研究的综述总结，其中特别谈到语音的研究，尤其是用实验语音的方法进行的研究还有所欠缺。

西北官话在宁夏境内的研究主要集中在张安生的《宁夏境内的兰银官话和中原官话》（2008:216-223）一文中，主要讨论了宁夏境内西北官话的分布，涉及各方言小片的语音、音系特征和内部差异，这是一个全景式的概况研究。

虽然本书不涉及陕西境内的西北官话，但是也梳理了这一地区的研究。有关陕西省境内西北方言概况的研究成果主要有邢向东的《陕西省的汉语方言》（2007:372-381）和《论陕南方言的调查研究》（2008:127-133）。他总结了陕西省的汉语方言可按三个大的区域来说明：陕北北部 19 个县市属晋语；陕北南部、关中话分属中原官话关中片、秦陇片、汾河片；陕南属多方言杂处地区，分布着中原官话秦陇片、关中片、鲁南片，西南官话成渝片、鄂北片，江淮官话竹柞片和部分赣语方言。上述两篇文章其实是新编《中国语言地图集》中陕西方言分区的说明稿，非常详尽明确。

（二）跨行政区的方言概况研究

除了针对某一行政区划的研究，还有很多概况研究是针对西北几个行政省区而进行的跨区划研究。如前文所述，甘肃、青海、宁夏和新疆在清代的行政区划下，有很大的区域属于一个行省之内，他们的方言和风土人情也非常接近，所以，也有很多学者针对几个省区进行了方言的概述研究。例如，张盛裕、张成材（1986:93-105）针对陕西、甘肃、宁夏、青海四省的官话分区进行的研究，张成材（2016）之后又出版了《陕甘宁青方言论集》，不仅讨论了近五十年对西北这四省汉语方言的研究，还讨论了汉语语言研究的一些综合问题。邢向东也对西北官话做过总体的比较，他的《论西北方言和晋语重轻式语音词的调位中和模式》（2004:8-18）、《晋陕宁三省区中原官话的内外差异与分区》（2005:364-371）和《西北方言重点调查研究刍议——以甘宁青新四省区为主》（2014:122-134）三篇论文就是针对这个问题展开的研究。其中，《西北方言重点调查研究刍议——以甘宁青新四省区为主》一文发表的时间最新，从两方面概括了针对西北方言的重点调查研究：一是谈到了该地区语言资源的重要价值，如复杂多样的语言演变现象、多种形态的语言接触、调类的高度简化与调位中和、回民汉语与汉民汉语的异同等；二是从语言学的发展着手，谈到了针对西北官话史的建构、西北方言调查研究对汉语语言学理论建设的服务，以及方言语料库的建立等。张燕来（2003）的博士论文《兰银官话语音研究》根据实地调查的材料和近年出版的各类调查报告，对兰银官话的声母、韵母和声调的共时特点与历时演变进行了研究和探讨。邓文靖（2009b:66-72）的《西北地区三声调方言分布特点透析》一文根据以往的文献，统计了西北地区 131 个三声调方言点，以及他们在各行政区方言片的分布特点。邓文靖认为，西北地区方言的声调系统正在简化，东端的方言仍然保持四声调的格局，西端的方言则已经完成调类合并。张建军（2014:76-81）从历史的角度探讨了西北方言的语音演变。朱晓农、衣莉（2015:1-11）针对西北地区官话的声调做了一个类型学的探讨，基于对西北地区分布的兰银官话、西部中原官话和北京—东北官话77个点的一手录音，得出的结论是西北官话从东到西幅度很宽，其声调分布最基本的格局是中段出现二声系统，周边出现三声系统，再往外出现四声系统，呈现一个类似马鞍形的分布状况。在所考察的77个方言点中，四声、三声系统各36个点（47%），两声系统5个点（6%）。四声系统有86%是降平低升这种常四模式。三声系统基本上是从常四模式的低和升合并演化而来，构成"降平低〇"或"降平〇升"两种拱形上连续的常三亚型（86%）。研究发现，西北官话的声调有进一步衰减的趋势，三声和二声系统在增加。从宏观平面和触发因素看，存在无声调少数民族语言影响的外部因素，但一些具体的微观个案如兰州，自身演化的内部因素更为明显。还有一些研究，是针对某一个点对西北官话进行整体的考察，如西北汉语方言的语气词研究（董建丽 2018:29-33）、"给"字句研究（敏春芳、杜冰心 2018:62-69）、汉语西北方言"泥来"混读的早期资料（聂鸿音 2011:66-67）等。

（三）针对西北不同方言点所做的研究

西北官话各个方言点的研究材料非常丰富，本书主要介绍有关各方言点语音和声调的研究。首先值得一提的就是高本汉（1940，1994）的《中国音韵学研究》，他详细研究了三十三种方言，其中西北方言包括甘肃兰州、平凉和泾川，陕西西安、三水和桑家镇的方言。傅斯年对他研究的评价是"综合西方学人方音研究之法与我国历来相传反切等韵之学，实具承前启后之大力量，而开汉学进展上之一大关键也"❶。这本书的主要贡献体现在三个方面：首先，根据《广韵》的反切和等韵，考订古音的音类，再利用比较语言学的方法，构拟古音的声母韵母音值；其次，说明语音的分类和性质，罗列三十三处方言的元音辅音；最后，在构拟的古音下，排比二十六处方言三千来个字音，反映古今音的演变及方音之间的异同。之后的汉语方言研究大都离不开这个研究框架。

以往对兰州话的研究（2012年之前），有十四处之多。黄伯荣、赵浚等（1960:71-122）的《兰州方言概说》，是最早对兰州话的语音、语法和词汇做的

---

❶ 引自《中国音韵学研究》傅斯年序。

研究。语音部分有语音描写和与北京话、中古音的比较，没有列出全部例字，也没有列出同音字表。语法部分只简略谈了与普通话不同的语法现象，词汇也只是将与普通话不同的词语按照意义进行了分类。之后，兰州大学中文语言研究小组（1963:81-141）发表的《兰州方言》不仅对以上的不足做了补充，列出了全部兰州语音同音字表，兰州音与北京音、中古音的比较，兰州话的语法、兰州词汇列表，还补充了例句和故事。高葆泰（1980:224-231）的《兰州方言音系》是一份对兰州方言语音的调查报告，其更加详细地描写了兰州方言语音，对兰州方言声韵调，声韵调的配合关系，兰州方言的变调、轻声、儿化、合音等语音变化进行了分析，并比较了兰州话和普通话在语音上的异同及对应规律；整理编排了各类系表、字汇，另外还有诗歌、谣谚、故事、数来宝、鼓子词等兰州民间创作标音，内容丰富，材料翔实。《兰州方言》和《兰州方言音系》这两篇是早期针对兰州话进行的最全面的研究，也是目前比较权威的研究材料。张文轩（2006:42-46）的《高本汉所记兰州声韵系统检讨》对高本汉 90 年前所记录的兰州方言例字声韵系统进行了梳理，指出其与今兰州方音的共同特征和明显差异，并分析了造成这些差异的主客观原因。张文轩、莫超（2009）的《兰州方言词典》是对兰州话词汇的汇总，对声韵调研究的意义在于能够帮助调查者整理出更加贴近兰州方言的调查字表。近年来，音韵的研究逐渐转向实验语音学的方向，其中张冠宇（2012:12-18）的《兰州话单字音声调模式的统计分析》是用实验语音学结合统计分析研究兰州话单字调的一次比较好的尝试。衣和端木（Yi 和 Duanmu，2015:819-842）针对兰州话音位的分析是结合以往的音韵研究，用现代语言学音系学的方法分析兰州话音节结构，探讨声韵母与音位的转化，将方言研究从纯粹的描写语音现象，过渡到抽象的音位音系化，进而从语法上理论化的一个尝试。衣莉等（2017:81-88）的《正在进行中的声调演化——兰州单字调》用实验语音学的录音分析手段和社会语言学的角度，探究一个正处于演化过程中的声调模式及其音系过程，所涉及的兰州话单字调正处于演化的过程中：阴平的两种单字调调形同时存在，互相竞争。这篇文章首先描写了正在变化过程中的阴平单字调模式；其次探究了社会语言学意义下的演化原因，包括但不限于代际差异、性别、职业、年龄等；最后探究演化前后单字调形成的音系化过程，以及单字调演化与双字调的相互生成关系。

　　甘肃其他方言点的研究材料也非常丰富，这里特别要谈到的是对敦煌方言声调的研究。张盛裕（1985:134-139）和刘伶（1987:130-134; 1988）都对此做过比较详尽的调查，之后曹志耘（1998a:11-15）又调查了敦煌方言的语音、词汇，阐明敦煌方言形成了两种有明显差异的话："河东话"与"河西话"，其中"河东话"是主要方言，接近中原官话的陇中片，"河西话"接近兰银官话的河西片。除此之外，其他方言点的研究有马企平（1984:79-84）在《临夏方言语法初探》中对临夏市汉民所操方言语法与普通话语法做的简略比较。之后，艾金勇、杨阳蕊、于洪志（2008:13-14）的《临夏方言单字调声学实验与统计分析》、柳春（2010）和柳春、于洪志、李永宏（2013:39-41）对临夏回腔汉语的研究都是在传统音韵学的基础上，采用实验语音学方法分析临夏方言的探索性研究，他们在方法上向前迈进了一步。赵健（1992:22-29）在《天水方言的声调问题》一文中除了记录天水方言有四个单字调，与普通话对比之外，还制定了一个调值"旋转图"。雒鹏的《甘肃靖远方言两字组变调》（2002:91-94）和《甘肃靖远方言儿化变调》（2003:116-118）分别通过对靖远方言声韵调的介绍，针对后字是儿化韵的"非叠字"和"叠字"两字组变调情况，以及后字非儿化韵的两字组连续变调及其规律进行了讨论，总结了靖远方言儿化变调的规律和类型。类似的研究还有彭明权（2010:14-16）的《甘肃西峰方言两字组变调》和张文轩的教育部"十五"规划项目《甘肃三声调、二声调方言研究》，前者针对西峰方言的两字组变调做了描写，后者调查了甘肃的临洮、康乐、天水、红古、秦安等地三声调方言点，并对当地的声韵特点做了说明，讨论了天水、康乐、秦安的两字组连读变调的规律和轻声的性质。其他方面的研究还有莫超、朱富林（2009:242-249）的《洮河流域汉语方言的语音特点》，他们从声调的角度探讨调查点的音系特征，大多探讨两字组的连读变调规律，目的是为方言分片提供一些佐证。马建东（2003:28-30）的《天水方言声母特点》一文对天水方言声母里普通话中所没有的声母和普通话中虽有，但声韵配合规律不同、来源也不同的声母进行了论述，说明这些声母的历史来源和发音方法，突出了天水方言声母的自身特点。

　　此外还有一系列对甘肃各个方言点的音韵描写的研究，如对河州（马树钧 1988:102-105；张建军 2009:76-81）、民勤（黄大祥 2005:1-5；吴开华 2009:40-

52；冉启斌、贾媛 2014:63-71）、民乐（钱秀琴 2009:16-20）、庆阳西峰（安亚彬 2010）、陇县（景永智 2010）、宁县（罗堃 2010:67-71）、环县（谭治琪 2011）、甘谷（王可峰 2011:59-61；黄海英 2014a:17-19，2014b:14-15）、张掖（王晓斌 2011）、武山（王应龙 2011:84-86）、定西地区（定西、通渭、陇西、渭源、临洮、漳县、岷县）（韩莉、王嵘 2012:37-39）、秦安（吴银霞 2013）、清水（曹兴隆 2014）、会宁（刘伶 2014:39-42）、静宁（吕超荣 2013；王继霞 2015）、漳县（付康 2015）、西和（杨艳霞 2015）、平凉（刘昕 2016:154-155）、天祝（宋珊 2017）等方言点音韵描写的研究。

　　刘俐李的研究覆盖了新疆多个汉语方言点。其中，《乌鲁木齐回民汉语声母与〈广韵〉声母比较》（1992a:109-116）一文揭示了乌鲁木齐回民汉语与古汉语一脉相承的渊源。这篇文章收集的材料丰富，对比细致，值得后学者借鉴。《乌鲁木齐回民汉语中的双焦点辅音》（1992b:111-112）一文中，她提到双焦点辅音的概念，这与衣和端木（2015:819-842）在兰州音位文章中提到的一组塞擦音 [pf, pfʰ, f] 相同，他们与 [tʂu, tʂʰu, ʂu] 形成互补分布，但是刘俐李注意到其音系学方面的问题要早二十年，很有洞见。《焉耆话的语法重叠与变调》（1998:110-117）一文中，刘俐李提到焉耆话的重叠有构词和构形的双重作用，并且很细致地列举出重叠的构词和构形。构形的提法有点模糊，但是她很早就考虑到语调与语法的关系，如"红红的""脏脏的"在节奏上和声调上的搭配。继而，她在"论焉耆方言的变调类型"（2000:81-89）的研究里，详细研究了焉耆话声调，发现单字调有三个，连字调有四个，主要区别在于平是否分阴阳。之后，她又在《同源异境三方言声调比较》（2003:104-109）一文中，通过比较同源异境之中的西安话、焉耆话和东干语声调的异同，揭示了焉耆话和东干语的阴平调由共时的调值变异演变为历时的调类合并的原因、条件和过程。比较有启发的是，连字调中阴平出现变化大概不是个例，这个变化和兰州话的阴平变化很相似（衣莉等 2017:81-88）。《永宁音系》（2004b:29-33）对比了焉耆县永宁乡与西宁、湟中方言声韵调的承继关系和发展脉络。除了刘俐李的研究，其他学者针对新疆各个汉语方言点的研究也很丰富，有曾缇（2011）对奇台方言语音的研究，袁升伟（2012）对巴里坤话的语法研究，欧阳伟（2014:48-51）对图克舒克市汉语方言的研究，王锡珺（2016）对伊宁汉语方言的研究，赵亚伟（2017）对永宁话语言的研究等。另外，更多的有关新疆汉语方言的研究都围绕着各地移民在新疆定居后的语音特点展开，如高远平（2016）对乌鲁木齐芦草沟乡原甘肃白银的回族移民的语音特征展开的研究、李瑞（2016）对乌鲁木齐板房沟回民汉语方言的研究等。还有很多研究是围绕语言本体的外围所做的研究，如民俗、语言使用情况、语音接触等方面所做的研究，在此不一一赘述。

李生信（2008:64-67）在《宁夏方言研究五十年》一文中，分别从方言、专著、地方志、研究论文和教材五个方面纵览了宁夏方言研究的成果。其中，方言志是一个重要的组成部分，主要有李树俨（1989）的《中宁县方言志》，杨子仪、马学恭（1990）的《固原县方言志》，高葆泰和林涛（1993）的《银川方言志》、林涛（1995）的《中卫方言志》等。之后，陈章太和李行健主编、高葆泰调查（1996）编写的《普通话基础方言基本词汇集：银川音系与基本词汇》，李荣主编、李树俨和张安生编纂（1996）的《银川方言词典》，张安生（2000，2006）的《同心方言研究》，李树俨和李倩（2001）主编的《宁夏方言研究论集》等著作，使宁夏方言研究逐渐丰富、全面，涵盖各个方面。其中，张安生的《同心方言研究》收录了大量新鲜的语言材料，并进行了独到的解读，在宁夏方言研究中具有一定的开拓价值。例如，在语音分析中，以同心方言的确凿实例证实"中轻音"的存在，将140多个异读字分为"文白异读"和"辨义异读"两类，还对前者按历史年代划分出小层次，对后者做"四声辨义"的归纳。在连读变调的研究中，采用统计学方法，对其规则性做出更为科学的量化分析。无论是研究内容还是研究方法，这部著作都把宁夏方言研究提高到一个新的层次。此外，还有一批针对宁夏方言研究的论文发表，如高葆泰（1982:23-33）的《宁夏方言跟陕、甘、青方言的比较》、张盛裕（1984:19-26）的《银川方言的声调》、张安生（1992:241-221）的《宁夏盐池方言的语音及归属》、白玉波（2011:32-35）的《宁夏泾源方言中的 ABB 构形例析》和杨苏平（2015）的博士论文《隆德方言研究》。从研究内容上看，他们针对不同方言点，从语音、音韵、文白异读、声韵调、语法、词汇等方面进行描写；从研究方法上看，主要还是实地调查，结合传统音韵研究的方法，也有结合现代统计学的方法对材料进行量化分析的。不过在对语料进行收集和整理方面，运用现代实验语音方法的还是不多。

青海汉语方言的研究与新疆汉语方言的研究有些类似，由于汉族聚居区分布的特点，即一是主要来源是甘肃移民，二是移民的聚居点比较集中，而且青海汉语方言之间的分别不像甘肃境内的汉语方言之间具有多样性，所以研究的范围比较集中，大多都集中于对西宁方言的研究上。都兴宙和狄志良（1997:84-89）在《〈西宁方言词典〉简论》一文中评价张成材（1994）的《西宁方言词典》与《西宁方言志》（张成材、朱世奎1987）为系统研究西宁方言及青海方言奠定了坚实的基础。但不得不说的是，他们的研究中还是有很多不足之处（都兴宙、狄志良1997:84-89），如调查方法陈旧、数据的采集和分析不够严谨。除此之外，还有都兴宙对西宁方言两字组连读变调的研究（2001:99-102）和对西宁话中的虚词"lia"的研究（1995:56-61），王双成对西宁方言重叠式（2009a:1-4）和西宁方言的体貌（2009b:126-129）的研究，以及孙凯（2013）对贵德刘屯话连读变调的研究。芦兰花（2011）对湟水流域汉语方言的研究是一个比较大的突破。因为湟水流域包括西宁市、湟中县、湟源县、大通县、平安县、化隆县、互助县、乐都县、民和县和循化县，是一个多民族聚居区。芦兰花的研究选择了19个方言点，重点讨论湟水流域汉语方言声母、韵母、声调的历时演变，是第一次全面、系统地展示该地区汉语方言的声韵母、声调面貌的研究。她发现，湟水流域元音高化现象很突出，元音的舌尖化和摩擦化是一种拉链式音变，辅音声母发音时阻塞、摩擦很重且送气音的送气成分很强是导致元音高化的原因。同时，她还对一些重要的语言现象进行了横向的比较，并分析这些现象的成因。但是研究方法上，特别是对数据的分析方法依然是按照传统的口耳听辨的方法，缺乏大数据的支撑，对语音现象的解释也更多是印象式描写，而不是数据分析之后的数据描写。近年来，对青海地区汉语方言的语法做了比较全面而深入研究的，当属周晨磊（2016:253-256；2018）对青海贵德话的研究，他的研究都是基于长期的第一手资料，又有类型学的理论支持，所以他的研究成果很有说服力。

随着录音设备的不断进步，上海教育出版社出版了侯精一主持的系列《现代汉语方言音库》，其中涉及西北官话的有王军虎（1997）的《西安话音档》，王森、赵小刚（1997）的《兰州话音档》，张成材（1997）的《西宁话音档》，高堡泰、张安生（1997）的《银川话音档》和周磊（1998）的《乌鲁木齐话音档》。虽然这一系列的音档材料在今天看来比较简陋，大多只有一个发音人，而且最初的出版形式还是卡式磁带的形式，保存和使用都非常不方便，但是这一系列的音档出版物却为后期的研究提供了一个新的思路和研究方法。同时，也为后期的研究使用、检验当年的学术材料提供了非常好的依据。

二、对调类合并、连字调的研究

（一）调类合并的研究

李荣（1985:241-242）首次提出《三个单字调的方言的调类》。之后钱曾怡（2000:1-9）在其《从汉语方言看汉语声调的发展》一文中又提到，汉语声调的发展趋势是单字调作用逐渐减弱，汉语声调调类逐渐减少、融合。她还很有预见性地提到声、韵母对汉语声调发展的制约作用。张世方（2000:48-61）在《汉语方言三声调现象初探》一文中探讨了三声方言的分布、声调合并的原因及可能出现的演化进程。他特别提到兰银官话的一些方言连读调系统比较复杂，同时提出三调现象蕴含着汉语声调发展的一般规律。他的这个提法很有见地，但是三声调到底是连读变调引起的，还是口腔调音方式发生变化引起的，还需要进一步研究才行。张世方也指出，对汉语三调现象的深入研究会为汉语声调发展演变提供有价值的材料和新的理论依据。钱曾怡（2000:1-9）用各个韵书和字典中关于声韵母与声调的排序引出"声调调位减少、地位减弱"这个话题，并且提出为什么简化的是声调，而不是声韵母（世界上有无声调的语言，但是没有无声韵母的语言）。她之后又讨论了全浊声母的活跃、入声字的演化、轻声的问题、连读变调的问题。这些问题可以归纳为两个方面：前两个问题是关于声母、韵母对声调发展的影响，着重说明汉语声调调类的减少；后两个问题是语流中一些语词的调型模式，着重说明汉语声调在一定语境中的融合，是走向语调的一种过渡形式。两个方面共同的趋势都是单字调的作用减弱，有的甚至减弱到不起区别性作用，也就是在这些范围内字调消失。

对西北官话调类合并的研究主要集中在甘肃汉语方言的研究中，尽管涉及的方言点很多，但是研究方法多限于传统口耳听说记录，单字调在连字调中的变化也是被静态地描写，如雒鹏（1999:74-77）的《一种只有两个声调的汉语方言》，莫超、朱富林（2014:43-46）的《二声调红古话的连读变调》，张文轩和邓文靖合作完成的《二声调方言红古话的语音特点》（2010:85-88）、《三声调方言定西话的语音特点》（2005:40-44）、《三声调方言临洮话的语音系统》（2008a:59-60）、《三声调方言天水话的两字组连读变调》（2008b:178-183）和《三声调方言天水话的音系特征》（2009:191-192），邓文靖的《三声调方言康乐话的两字组连读变调》（2009a:33-36）、《三声调方言秦安话的两字组连读变调》（2011:36-40）等。其他方言点的研究有刘昕（2000:154-155）对甘肃平凉、雒鹏（2002:91-94）对甘肃靖远、钱秀琴（2009:16-20）对甘肃民乐、王晓斌（2011）对甘肃张掖、吴银霞（2013）对甘肃秦安、黄海英（2014a:17-19；2014b:14-15）对甘肃甘谷、杨艳霞（2015）对甘肃西和不同程度的研究。邓文靖（2009b:66-72）还曾经针对西北的"三声调"方言完成了论文《西北地区三声调方言分布特点透析》，她的研究方法主要是梳理近50年的文字材料，归纳总结出西北地区"除了陕西以外的西北四省和内蒙古西部地区都有三声调方言的存在，其中新疆74点，甘肃35个点，宁夏15个点，青海6个点"。张燕来也在其博士论文《兰银官话语音研究》中提到了有些甘肃方言点出现的调类合并现象。另外，张安生（2005:77-84）的《银川话阳平、上声合并史探析》也是一个比较重要的研究。除此之外，张安生（1992:214-221）对宁夏盐池、都兴宙（2001:99-102）对青海西宁、吴娟（2009）对宁夏银川、孙凯（2013）对青海贵德刘屯话声调变化、合并的情况也都有程度不同的描写。

（二）连字调的研究

刘俐李教授（2002:176-182）曾经做过一个统计——"20世纪公开发表的研究汉语声调的专论有1014篇……其中研究变调的有180篇，占声调研究总数的17.8%"，这其中数量最多的是有关北方方言和吴语连读变调的研究，前者有58篇，后者41篇，而北方方言中有关西北方言连读变调的研究有18篇。笔者又针对2001—2017年的研究做了一个粗略的统计，发现有关连读变调的研究共139篇，其中关于西北方言的只有15篇。从数据上看，针对西北官话调类合并、连读变调所做的研究还是比较少的。很多研究者将关注点放到东南部地区声调情况比较复杂的吴语、闽语、客家话或者粤语上，这对于汉语方言的声调研究，或者说对于语言一般现象规律的解释是功不可没的。但是西北官话，特别是西北四省（甘宁青新），由于其特殊的地理环境（气候寒冷干燥）和人文环境（多民族聚居、杂居，移民历史悠久等），形成了非常独特的声调和语调特点。在研究汉语方言，或者说在研究人类语言的一般特征时，这个地区的方言都是非常值得重视和关注的。

针对连读变调的研究，其实赵元任（1928，2011）在《现代吴语的研究》和艾约瑟（2011）《上海方言口语语法》中就已涉及。赵元任提到一个非常有启发的观点：成字的连字调和不成字的连字调，这个对于西北官话的研究很有启发，如兰州话里面就有很多不成字的音 [vua, zei, zao]（Yi & Duanmu 2015:819–842）。

肯尼迪（Kennedy）（1953，转引自陈忠敏 1993a：63–66）发表在 *Language* 上的 *Two tone patterns in Tangsie* 一文中，已注意到塘栖话语法结构与连读变调的关系。该文还应用结构主义语言学替换、比字的方法来说明变调格式的异同及调类的分化和合并。郑张尚芳（1964）、李荣（1979:1–29）、吕叔湘（1980:85–122）、王福堂（1999）都有关于连字调的研究。王福堂对于结构相同但意义不同的变调做了对比研究；郑张尚芳给出了温州两字组、三字组的连读变调研究，他的描写非常精细，这样的描写范式对于所有的方言研究来说都有很高的借鉴价值；李荣的比字研究变调是用比字方法来证实调类的分化和合并，以及分析这种连读变调的原因，其对于许多方言有关连读变调的研究都有借鉴意义。

李小凡（2004:16–33）的《汉语方言连读变调的层级和类型》一文分出了纯语流变调、构词变调、语音变调和音义变调。他指出，由于后者这类连读变调的性质发生了相当深刻的异化，固有的语音框架已经不再能够容纳其中的超语音因素了。他将语音变调划分出三种类型：一是为使发音省力而简化连调式的调型，称为简化型连调；二是为使字组内部相邻音节调型有所区别而发生异化，称为异化型连调；三是为减少连调式总数从而构建较为简化的连调系统而发生调类中和，称为中和型连调。这种总结和分类做到了理论的高度抽象化，但是高度抽象的同时，对于语言中的细节和例外难免就无暇顾及。

陈忠敏和刘俐李先后做过有关连字调的综述研究（陈忠敏 1993a:63-66；
1993b:55-60；刘俐李 2002:176-182，2004a，2004c:45-56）。刘俐李（2004c:45-
56）总结了 20 世纪汉语声调理论研究的四个时期：声调是音节内有辨义作用的
一种相对音高的理论研究时期；声调是音位的理论之争时期；声调的自主音段
说时期；声调的优选论研究时期。音高说是声调自然属性的理论，音位说是声
调语言属性的理论，自主音段说是声调与音段关系及声调生成的理论，声调的
优选说是声调变化和组合的系统规则的理论。

他们指出，目前连读变调的理论突破主要体现在对天津话、吴语和闽语的
研究中。例如，美国学者巴拉德（Ballard）和舍拉德（Sherard）在研究上海市
区方言时提出一些术语和声调描写方法（Ballard 1979; Sherard 1980，转引自陈
忠敏 1993a:63-66）。巴拉德把这种现象称为 right spreading，意即首字的调形
向右延伸。国外的许多学者还运用生成音系学的自主音段理论（Auto-segmental
Theory）来解释新派上海市区话的语音词声调。自主音段理论认为声调与音段分
别属于两个不同音韵层次。虽然声调（变调）与音段没有直接关系，但声调最后
仍须与音段连接起来协同发音。如何把声调与音段形式化连接起来是自主音段
理论的关键，不过，每个人在处理具体语言中也存在分歧。徐云扬（1988:331-
350）采用底层声调抹擦、底层连接线抹擦、最后音节连接预定低调等法则
来协同上海市区话音段和声调两个不同层次上的关系。还有一种理论，称为
flip-flop 的变调（Hashimoto 1972，转引自陈忠敏 1993a:63-66），即张盛裕所
称的"前调变后调，后调变前调"（张盛裕 1979:93-121）。在闽语的研究中，有
对厦门话研究时提出的钟式循环变调（Bodman 1955，转引自陈忠敏 1993a:63-
66）。变调模式如此之多，以至于陈忠敏（1988:131-134）建议用变调模式来划
分方言区。例如，他提出南部吴语的变调相较于北部吴语就与闽语更加接近。
这一点对于笔者非常有启发，因为西北官话的连字调的确有别于上述各项研究
的连字调模式。

除此之外，他们还提到以下几个研究的热点问题。

第一，有关单字调和连读变调。这个部分有几个值得启发的地方，如本调
和变调的讨论，其实很早就有人注意到了这点（Anna O Yue-Hashimoto 1987，
转引自陈忠敏 1993a:63-66；吕叔湘 1980:85-122；钱乃荣 1988:63-80）。曹志

耘（1987:40-45）的看法是，在理论上语音不属于字，而属于词，语言里只有词音而没有字音，要说有字音，那就是单音节词的音。如果要对语音做系统的调查，单音节词的读音已无资格作为一个完全独立的调查对象了，要调查就应该调查所有的词（不管是单音节还是多音节）的读音。具有代表性的《现代汉语词典》收字、词、词组共 56000 多条，而其中单音节词还不到 10000 条。很多人甚至一辈子也不接触文字，平时的自然语流中大多数表达都是词和词组。因此，从理论上说，这种方言里根本就不存在所谓"字音 / 调"。在实际调查中，由于发音人没有学习过单字的读音（他们学习、使用语言从来是以词为单位的），所以充其量只能说出单音节词的"字音"，对于一些不能单用很或少单用的"字"（实际上是语素），则往往只知道含有这个字的词的整体读音，而不知道这个字的单独读音。随着汉语的继读多音节化、语流音变的存在和复杂化，以及单字识字教育的退化，调查方言口语中的"单字音 / 调"将会越来越困难，越来越烦琐。面对这种情况，目前至少在方言学领域里，有必要否定"单字音 / 调"这个概念，不再调查单字音，取消"同音字表"，调查方言的语音应以总结声韵调、音节结构、语流音变等规律为主要任务。所谓"变调"是指多字组合中跟单音节词的调（单字调）不同的连读调，是通过与相应的单音节词比较而得出的。但是，如前所述，语言中最基本的单位是词，而一个词本身（不管几个音节）都是一个独立而完整的单位，因此，它的语音形式是自己固有的、与生俱来的，根本不需要从别的读音（所谓"本音"）变来，在这个意义上，可以说实际上根本不存在"本调"和"变调"。描写方言所要调查的音变应该主要是共时的语流音变，如同化、异化、合音词与词之间的连读音变等。至于变调的来源，要考虑是历史的演化，还是语音物理机制的制约，还是二者演化的先后及社会语言学的调查结论等。日本学者桥本万太郎（2008），对汉语方言中的许多现象做出了全然一新的理论阐释。他指出，很多学者把现代方言看作是古代语言的"化石"，而不注意是活在人们口头上的口语，只对古代语音在现代方言里的发展演变感兴趣这种观念，一直到今天都很有影响力。例如，用于调查现代方言的《方言调查字表》是中古《广韵》简缩而成的，又如许多方言论著里充满了同音字表，而如语调语速、节律（轻重音）、方言口语、语汇、语法等，都被普遍忽视。结果，本应是活生生的方言学在这里成了一门类似"唯古是崇"

的考古学，方言似乎变成了文物：越古老越有价值。这无疑将使方言研究走上畸形发展的道路。

第二，变调和词义、语法结构的关系。这个研究主要始于小称变调的研究。除此之外，还提出一个"音系词"（phonological word）（陈忠敏1993a:63–66）的概念，指出一个双音节词承载一个调，并非两个单字调的简单相加。这又和曹志耘的观点不谋而合（参考石汝杰1987:80–82；汪平1988:177–194；钱乃荣1988:63–80）。吕叔湘（1980:85–122），侯精一（1980:1–14）还提出词组的类别、性质会对调形产生影响。

第三，有关连读变调类型的讨论。陈忠敏（1993a:63–66）总结了余霭琴（Anna O Yue-Hashimoto）提出的三种较为典型连读变调的类型：A首字定调（first-syllable dominant），B末字定调（last-syllable dominant），C条件定调（local modification）；钱乃荣（1988:63–80）根据对吴语区的调查，提出了"单字调与连字调并行发展"的看法。曹志耘（1998b:89–99）提出了"汉语方言声调演变的两种类型"：自变型（清浊声母、塞音韵尾、相近）和他变型（接触），调类合并的唯一因素是调值的相近度。

第四，有关研究连字调的调查方法和分析方法的问题。这里，先要确定变调调查表和变调规律表的设计。一种是从小到大，一种是从大到小。Chen（2001）用从大到小的词表调查变调，将古字预先设计到调查材料里面。从小到大适合外乡语言工作者的调查，从大到小适合更深入的一步调查，因为这样可以涉及语调、轻重、韵律的问题。变调规律表的设计，可以是1+1的表述法，现在大多数连读变调的研究都是如此，也可以将一个双音节词或者三音节词看作一个phonological word的单位来描写。张惠英（1979:284–302）在分析崇明方言的连读变调里，把全部两字组分为广用式和四种专用式来讨论。四种专用式是指：数量谓补式、动趋式、动代式、重叠式。广用式包括四种专用式以外的各种格式。之后，许宝华、汤珍珠、钱乃荣（1981:145–155）的文章里则把上海市区方言两字组和多字组的连调方式分为两大类——广用式和窄用式，并对它们做了定义，即广用式是这样一种组合：一个连读字组的各音节之间关系很紧密，内部没停顿；广用式应用的范围广，对字组是词还是词组，属于怎样的语法结构，一般没有限制。窄用式与广用式相比，内部结构比较松散，应用范围窄，只适用于以一定结构方式组合的连读字组。许多方言的研究中，仅仅用广用式的变调调式或专用式或窄用式的变调调式是不同的。

连字调研究有三个方面的成就：一是突破了汉语方言研究字本位的窠臼，将字放到语流中，进行真正口语的研究（很多字根本就不会单用）；二是将变调与语义、语法结构相关联；三是规范了研究规则和术语。

连字调研究存在三点不足：一是很少研究重音和语调；二是缺乏与语义、语法关系的更深入的探讨 ❶；三是缺乏类型学的比较研究。不过之后的很多研究可以说在不同程度上弥补了这些不足。这一类研究中比较值得一提的有美籍华人学者郑锦全（Cheng Chin-Chuan）使用计算机对《汉语方音字汇》《汉语方言词汇》等方言材料进行处理，写出了《汉语声调的数量研究》（1973:93–110）、《汉语方言亲疏关系的量化表达》（1986）和《方言互懂度的量化研究》（1993）。焦立为（2003）的《三个声调的汉语方言的声调格局》一文的主要意义是将各个调值、调形及其组合的出现频率和累次频率进行统计，由此可以看出哪一种连字调的形式出现次数最多，此外他在附录中收集整理的 160 处方言点的材料，为后续的研究提供了很好的线索。

李如龙（2000:1–7）的《论汉语方言比较研究——世纪之交谈汉语方言学》从连读变调入手，进行了一系列的有关变声、变韵、小称变调的研究，开创了方言共时变异方面的研究，这也是声调类型学研究的一个尝试。闫小斌（2016:102–106）的《汉语连读变调的方向不一致性探究》在三字组声调组合的相关研究中，已经确认为表现出方向性变调的方言主要包括天津话、成都话、博山话、长汀客家话和泗县客家话。他还总结说优选论框架下的和谐串行理论（Harmonic Serialism）为汉语连读变调中方向不一致性问题的描写和解释提供了新的思路和方法。变调方向虽然不受语法因素制约，但绝不是任意的。对于三字组变调而言，最终的优选输出项在多次和谐性评估过程中对底层形式进行了不同形式的标记性修正，正是修正模式的差异导致了不同方言间变调方向的不同和同一方言中变调方向的不一致。修正模式的差异是位置忠实性制约条件与促发声调变化的标记性制约条件交互作用的结果。和谐串行理论（Harmonic

---

❶ 笔者认为陈渊泉（Chen 2001）对汉语方言的连调变调模式与米可（Michaud 2017）对纳西语的研究在声调、语义和语法之间的研究还是比较透彻的。

Serialism）在对汉语双向性变调问题的分析方面具有明显的理论优势，该理论方案是否可以解释其他更多方言点中的变调方向性问题，值得进一步深入研究。

林茂灿（2004:57–67）《汉语语调与声调》一文提到汉语是声调语言，声调的声学特性主要表现为音高，语调的声学特性也表现为音高，如何区分语调中的音高和声调中的音高，一直是汉语语调研究的核心和难点。吴宗济说："普通话中构成语句的意群单元，除两字和三字的组合外，以四字组的用途最多。"他主张"把四字组的韵律变量分析好，就为研究全句的语调、轻重和时长奠定了基础"。康广玉、郭世泽和孙圣和（2009:28–30）的《汉语连读变调语音合成算法》分析了汉语连读变调现象，提出了一种基音同步叠加的语音变调算法，采用归一化线性多项式声调模型进行声调基频计算，用基音同步叠加的方法进行基频修改实现声调变换，通过串接声道滤波器算法降低频谱包络失真。其实这是一个语音合成的算法，但是我们可以利用这个算法进行语音调查。针对算法输出的语音信号，杨顺安设计了一个合成的公式，我们在调查时按照这个公式分析连读变调，应该有更加精确的描写。韩夏、李龙和潘悟云（2013:888–892）的《计算机田野调查及处理系统》是记音材料的音系自动切分研究，而其最核心的内容是音节结构。

根据笔者的观察，包括刘俐李教授所统计的材料在内，针对西北方言连字调的研究大多都集中在对新疆和甘肃汉语方言的研究上。例如，邓功（1987:109–115）对鄯善汉语方言的研究，曹德和（1987:102–108）对巴里坤汉语方言的研究，陈英（2001:13–19）对库车汉语方言的研究，周磊（1991:40–49，1998:122–131）对吉木萨尔和吐鲁番汉语方言的研究，刘俐李对焉耆汉语方言的变调类型（1998:110–117，2000:81–89）和乌鲁木齐回民汉语方言连读调（1989:85–91，1992a:109–116，1992b:111–112）的研究等。笔者认为，针对西北方言连字调的研究中，新疆汉语方言连读变调的研究是非常深入的，分别从语音、语法、语义多层次对连读变调进行描写，同时还在不同程度上结合语调进行讨论，不足之处只是当时实验语音学的技术还没有得到及时的利用，但是研究的理念已经很超前。早在 2005 年，刘俐李（2005:23–27）就提出用"声调折度打磨"来研究连字调，主要是考察探究两个单字调形成连读时中间损失的声调参数如何计算，也就是指不同调形组合成调式后其曲拱折度的磨损，这是对声调曲拱特征进行量化研究的一种简捷易行的方法，但参数的选取比较复杂。可目前看来，还没有一个针对西北方言连读变调的研究考虑到这个问题。大多数的研究都是将两字组连读看作是两个单字调的简单相加，没有考虑连读时可能会出现的音长、音强的变化。当然，近几年针对西北方言的研究也有一些进步之处，主要体现在分析连字调的理论方法有了突破，收集方言语料和数据处理的手段也有了进步。例如，孙凯（2013）和吴娟（2009）运用优选论分析青海贵德和宁夏银川两字组连读变调，黄海英（2014a:17-19）、杨艳霞（2015）、唐志强和刘俐李（2016）也都在收集语料及处理数据时用到了实验语音学的研究方法，不足之处在于数据仅仅测量了音高一个参数，没有考虑音强和音长，更没有将音段及音节搭配的因素考虑进去。此外，在解释和分析连读变调与声调演化的问题时，也没有更新的观点提出，都认为是声调的逆向演化，如平分阴阳体现在连读调之中，但是单字调阴阳平不分。更没有人就连字调中节律和韵律的互动关系加以讨论。总的来说，无论是从方言调查点的广度上，还是收集方言语料和数据处理的方法，以及对于连字调的理论解释的层次和深度上，西北方言连字调的研究还有很大的空间值得探索。

关于声调的演化问题，学者们都从不同的角度进行了探讨。之所以要谈到这个问题，是因为演化既与声调的合并有关，也与连字调的发展变化有关。钱曾怡（2000:1-9）归纳了四种汉语声调变化的现象：一是全浊上归去；二是入声的消失是汉语声调简化的重要表现；三是轻声音节前的字调对轻声音节字调已失去控制作用；四是变调产生同化。她认为，汉语声调简化，单字调作用逐渐减弱是声调发展的大势，具体表现为调类的减少和声调在一定语境中的融合，而这种融合是汉语声调走向语调的一种过渡形式。

曹志耘（1998b:89-99）将汉语声调共时演变的类型归纳为自变型和他变型（见表1-7）。他认为，"考察声调的演变，应该从演变的原因、演变的过程和演变的结果三个方面着眼。其中演变原因是问题的关键，因为演变原因直接影响到演变的过程和演变的结果"。他归纳了两类演变原因：一是语音系统的内因，即音系简化、声母清浊对立消失、入声韵塞音尾消失、调值之间的近似度、连读音变的影响和词语的多音节化；二是语言系统外的原因，如强势方言、普通话或其他语言的影响。

表 1-7　声调演变轨迹（曹志耘 1998b）

类目	自变	他变
演变原因	内因	外因
演变过程	渐变	突变
演变结果	成系统	不成系统

王士元（1987:83-86）归纳了声调演变的七条规律：倒退式演变（连字调平分阴阳，单字调不分）；调形越相似就越有可能合并；声调系统的演变，主要产生于感知的相似度；声调以交叉方言形式互相影响；连读变调常常比较保守，因为其中保存了在单字调中已失去的差异；声调合并以词汇扩散的形式出现；中古至今的声调是合并的，而不是分化的，前者比后者更有解释力。

第三节　研究意义

一、研究价值

西北官话声调合并现象的研究，尤其是已经演变为三声调方言的连字调问题是个非常有趣且层次比较复杂的问题。它涉及语言研究的很多方面，如单字调与连字调底层、表层转换的问题，连字调语音与语义、语法的界面关系，连字调声调节律与语调韵律之间制衡的关系问题，声调演化的问题以及语言接触的问题，等等。

笔者在做田野调查的时候发现，不同地点的发音人对于《方言调查字表》中的例字（词）反应是不一样的。一般在方言调查前期，要做一些尝试性的调查工作，找出这个方言点常用的字、词等。调查发现，兰州市的发音人对于双音节的词能更加自然地读出来，而临夏地区的发音人则对于三个音节的词更加自然，对于双音节词反而感觉不自然。其他地点的发音人也有不一样的反应。但是他们比较一致的地方是：对于单音节的字，读起来都不"自然"，经常得到的反馈是"我们不这么说"。发音人并不知道《方言调查字表》里面的单字如何读，往往要将其放到一个词里面，才能将这个字的调读出来，这种情况也包括那些受过高等教育的发音人。他们将这个被调查的字放到一个双音节或者三音节的"词"当中去，才能找到它的读音。前文讲到西北官话的研究趋势时，特别提到兰州红古区的声调引起了很多专家和学者的关注，但是就目前来看，所有的研究还是按照固定的路径，先是读单字，再读双字，最后得出结论——红古话只有两个单音节字调，即阴平、阳平、去声合并为一个升调，上声是一个平调。即使是谈到红古话的连字调时，也还是没有脱离原有研究的窠臼，依然以一种静态的"单字调＋单字调"的模式展开。但是，笔者在调查时就发现，红古区的二声调并没有那么稳定，去声有时候和阴平合并，有时候又和上声合并。红古区邻接的永登县河桥镇的三个发音人，按照传统的声调归并来看，他们的归并都不一样，一个是阳平、上声并入阴平，一个是上声、去声并入阴平，还有一个是只有上声并入阴平。而且，调形除了阴平是个平调不变，另外一个调有降有升。从逻辑上讲，在一个县城彼此熟悉的三个人，单音节字的声调调形不一样，但是彼此之间的交流没有受到任何影响，由此可以得出一个结论：单音节字的声调已经不再是一个辨义的语言单位了。发音人在读单音节字时，要做的似乎只是把他们区别成两个不同的音，仅此而已。

从上面这个例子可以看出，针对西北官话的研究，已经不仅仅是一个方言调查和描写的过程，而是一个探究语言学一般规律的过程。西北官话声调合并现象的研究为我们探究声调语言与语调语言的相互关系及相关的语法结构提供了丰富的、活生生的材料，极有演化语言学的研究价值。前文已经提到有研究认为西北地区无声调的少数民族语言对汉语方言声调的影响，但是以往的研究只是指出少数民族与汉族杂居、聚居的情况，并没有给出有说服力的语言影响、语言扩散的路径：谁影响了谁？如何影响？怎么影响的？影响的具体阶段有哪些？没有这些线索，仅仅用"接触"一个简单的名词来解释语言的变化，难免显得无力和苍白。唯有对西北官话的声调做全方位的描写，从共时的类型、历时的发展角度做全面审视，并将其置于汉语方言研究的大视野中，才能把握汉语声调演变的趋势，从这个角度讲，西北汉语方言无疑有着得天独厚的研究价值。

本书的价值不仅仅是针对方言声调连读的问题，它在研究方法和分析理论上也有创新之处。首先，从收集语料开始，本书除了按照传统的《方言调查字表》从小到大的顺序收集单字调、双字调、三音节字调外，还按照从大到小的顺序，收集自然语流（spontaneous speech）的材料，然后将材料进行切分，依次比照四声调类分析四音节、三音节、双音节和单音节字调。其次，处理材料和进行语音分析时，不仅仅提取音高一个参数，还要分析音长、音强，特别是两个音节之间的语音参数上的变化。最后，分析单音节字调的演化、合并时，考虑连字调的问题，除了本调和变调的问题，还要将连字调看作一个整体，观察连字调节律与韵律的互动关系，进而探寻语言特征的演化是如何扩散到整个方言中的。

对西北官话调类合并的研究包括对声调变化现象的研究，有社会语言学的研究价值。第一，针对每一个单字调正在发生变化的方言展开调查，收集语音数据，然后进行数据处理，对完好地保留这种正在变化的语言、言语现象有很高的数据库的价值。收集的声音、文档数据可以给未来的方言学研究提供一个更加立体的、全方位的数据库资料。第二，收集材料和分析材料的语音软件是以往口耳研究不能比拟的，进行音变实验的工具和方法相对来讲都是最先进的。例如，利用 Matlab 软件只改变发音材料的基频走向，而不破坏发音数据的共振峰，这样的保真效果对于测试声调调形的走向更能接近真实情况，相比简单的听辨，无疑是一个很大的进步。第三，针对一个声调处于动态变化的方言点，描写其声调合并到什么程度、不同年龄段的分层情况如何、社会不同层次的人员分层情况如何都为社会语言学的研究提供了非常好的机会。这种声调合并的现象是典型的社会语言学研究的言语变异问题，因为变化正处于一个动态中。针对这种处于声调变化时期的方言及周边地区的方言点，进行声调合并的顺序、程度、社会因素和字汇等因素的相关研究，为社会语言学的言语变异研究提供了一个非常好的视角。目前，大部分研究都停留在对共识状态的静态描写上，还没有人针对这种言语中的动态变化做出大范围精准的描写。本书结合实验语音学的方法，进行调查和数据处理，在研究方法和研究对象上，都会为社会语言学和方言学的研究提供新的思路。

研究西北官话的调类合并现象和连字调在声调演化过程中扮演的角色也有探究声调变化现象的演化语言学价值。有研究提到过西北地区无声调的少数民族语言对汉语方言的影响，如针对甘肃红古（参见雒鹏的《一种只有两个声调的汉语方言》；莫超、朱富林的《二声调红古话的连读变调》；张文轩和邓文靖合作完成的《二声调方言红古话的语音特点》）和宁夏银川方言的研究（参见张安生的《银川话阳平、上声合并史探析》）。从地理位置和人口分布来看，也的确有这方面的因素：红古与青海民和土族自治县相邻，大通县则是回族土族自治县，西宁也有大量讲安多藏语（无声调语言）和西部蒙语的人，这种解释也许有一定道理。但是，如果从一个更大的图景来考察这个问题，就会发现这样的解释具有局限性，因为声调合并的现象同样也发生在东部官话（冀北、胶东）和吴语（上海）中。本书试图从声调的起源来反向解释这个问题，研究假设是调系自然演化造成声调减少。在连读变调中，古音来源不同的字的变化又有区别，合理的假设应该是这些方言早先有一个四声调（或大于四个声调）的单字调系，后来其中两个（或两个以上）调类发生了合并，单字调不再有区别，但是在连读变调中，仍然维持着早先的差异。这些三声调方言作为汉语声调演变的先锋，获得了很高的研究关注度。但个例观察不足以反映全局的面貌，唯有对大量声调发生了合并的方言做全面审视，并将其置于汉语方言研究的大视野中，才能把握声调合并的特点及其与汉语声调演变的趋势。在这方面，西北汉语方言无疑有着得天独厚的研究价值（邓功 1987:109–115；曹德和 1987:102–108）。声调从无到有与发声态有很大关系（参见朱晓农的《声调起源于发声——兼论汉语四声的发明》），在寒冷干燥的西北地区，语言的音位辨义会更多借助声道形状的调音变化而不是喉咙发声的变化。例如，兰州话相比汉语普通话就多出来一套塞擦音 [pf、pfʰ]。钱曾怡（2000:1–9）（参见《从汉语方言看汉语声调的发展》）也提到声母、韵母的构成会影响声调的变化。所以，本书全面科学地描写西北官话声调的合并现象和发展趋势，从语言演化的角度探究声调合并的原因，这是从语言的、生理的方面为今后研究和解释一些其他声调的发展趋势提供新的思路。

二、创新之处

（一）理论上的创新

理论上的创新体现在数据库的建立、社会语言学、语言田野调查和语言演化的几个层面。

第一，针对西北每一个单字调正在发生变化的方言点展开调查，收集语音数据，然后进行数据处理，对于完好地保留一种语言、言语和方言有很高的数据库价值。用来收集材料和分析材料的语音软件是以往口耳研究不能比拟的，这样的声音、文档数据可以给未来的方言学研究提供一个更加立体的、全方位的数据资料。同时，在共时层面，也可以将材料与更多的研究者共享，节约调查成本，让知识材料的功效最大化。此外，笔者想引述一下迪克森（Dixon 2010: 114–115）的看法，他认为，语言的变化和消失就是一个自然而然的过程，人为的作用微乎其微，甚至会起到相反的作用。不如顺其自然，让人们自由选择对自己生活有利的语言，而政府应该组织专家学者整理、收集、科学描写这些语言，让他们成为一种资源，就像是古董和文物，被妥善保存起来，这比简单盲目地建立"语言保护区"更加有效而科学。

第二，对西北官话声调合并现象的研究，有社会语言学的研究价值。针对一个声调处于动态变化的方言点，描写其声调合并到什么程度，不同性别、不同年龄段的分层情况如何，社会不同层次的人员分层情况如何等，这些都为社会语言学的研究提供了非常好的范例。由于这种变化处于一种动态的、可观测的状态中，针对这种处于声调变异时期的方言及周边地区的方言点进行声调合并的顺序、程度、社会因素和字汇等因素的相关研究，正是一个典型的社会语言学的言语变异研究课题。以往的研究大都停留在对共识状态的静态描写上，或者对于历史音韵的推测考据，还没有人针对这种方言言语中的动态变化做出大范围精准的描写。本书结合实验语音学的方法进行调查和数据处理，在研究方法和研究对象上，为社会语言学和方言学的研究提供新的思路；用社会语言学的研究方法针对社会参数不同层次的人员描写言语变异的真实情况，找出共性特征，为方言学提供一个全方位的、多维度的研究方式，探寻演化规律。本书希望通过针对每个方言点的微观研究，以及整个西北官话区的宏观比较，得出一个更客观、科学的结论。

第三，对西北官话合并现象的研究，会引起很多与未来田野调查实践相关的理论探讨。在笔者看来，对西北官话声调合并现象的研究，尤其是连字调与声调合并问题的研究，涉及语言研究的很多方面，如单字调与连字调底层、表层转换的问题，连字调语音与语义、语法的界面关系，连字调声调节律与语调韵律之间制衡的关系问题，声调演化的问题和语言接触的问题等。本书针对西北官话声调的调查，无论是收集语料还是数据分析都有创新之处。收集到的自然语流中双音节词、多音节词的数量已经远远超过单音节词，因为他们才是自然的语言表现形式。本书还针对西北官话的连字调进行比较分析，利用音位特征的理论，考察调位特征在连字调发生变化与调类合并这个问题上二者之间的关系，以及通过调位特征考察声调的合并、减少等问题。例如，"纯低调"这个概念的提出（朱晓农、章婷、衣莉 2012:420-436），对于解释兰州话上声和去声合并的现象就比较合理，这也是本书的创新点之一。虽然以往针对新疆汉语方言的连字调研究层次很丰富，但是囿于当时研究条件的限制，针对韵律和语调的结合上还是比较欠缺。同时，研究的点状分布导致材料不充足，无法对连字调的类型进行横向对比。本书按照西北方言声调的分布，在四个省选取了八个调查点，并以这八个点为核心，呈辐射状做全面纵深的调查，特别是深入考察甘肃省境内的方言点，针对西北官话声调发生了变化的，或者声调正在合并、衰减的方言点的语音材料，尽可能从广度（方言点的涵盖度）和深度（人数的涵盖度）上全面收集整理。从某种程度上讲，本书弥补了不同方言点之间比较研究缺乏材料的问题。研究方法的创新其实就是学术观点的创新。因为方法不同，才会有不同的立场。

　　第四，对西北官话合并现象的研究，也有探究声调变异现象的演化语言学价值。如前文所述，有研究提到西北地区无声调的少数民族语言对汉语方言的影响，本书试图从声调的起源角度来反向解释这个问题，研究假设是调系自然演化造成声调减少。一些已经从四个单音节字调演变为三个单音节字调的方言作为汉语声调演变的先锋，获得了很高的研究关注度。但个例观察不足以反映全局的面貌，唯有对这些发生了变化、或者正在发生变化的方言点做全面审视，并将其置于汉语方言研究的大视野中，才能把握声调合并的特点及其与汉语声调演变趋势的关系。

（二）方法上的创新

　　研究方法上的创新体现在三个方面：收集语料、整理语料和相关性分析的统计方法。

　　第一，收集语料的方法。原来人们普遍认为单字调是汉语的本调，连字调都是变调。调查的方法也都是按照从小到大的词表设计，多数停留在双音节词上。本书在收集方言材料时，除了依循传统的从小到大录音词表之外，还会收集自然语流（spontaneous speech）的材料，然后对照四声调类将自然语流进行切分，所得的材料更多的是自然而然的语言材料，为今后语言调查选择材料提供了新视角。

第二，数据整理和描写的方法。目前针对西北方言的声调研究大都是对单字调研究之上的附属研究，针对双音节词的声调描写仅仅限于两个单字调一加一等于二的方法，将其放到一个矩阵的排列组合中，然后对照单字调，找出所谓变调的规律。本书特别针对音节之间的声调变化提取语音参数，同时借助语音感知的研究，追踪有语言学意义的声学参数，彻底弄清楚声调已经发生了合并现象的方言的连字调节律和韵律特点。

正如前文所说，刘俐李教授在 2005 年就提出声调"折度打磨"这个概念，但是在西北方言的研究中，特别是针对连字调的研究中，却几乎没有付诸实施。可见测量、描写音节之间的参数变化，还是有很大的难度。这也是本书的难点和需要攻克的重点。由于音节之间的细微变化，致使研究者很难捕捉到具体是什么参数在起作用：是音高的变化、音强的变化，还是音长的变化，或者兼而有之，都牵涉连字调的规律。甄辨哪个参数起作用，同时还要找出行之有效的描写办法，并将各种语音参数的细微变化具体化、数字化，是本书的一个难点，也是研究重点。

第三，统计学的分析方法。现在的方言研究不同于以往的研究，以前只要找一个"纯人"作为方言调查对象即可。目前有录音和语音分析软件，条件上允许我们进行大范围多名发音人的调查取样，从而也就有大量的数据有待分析，这就需要利用统计学的方法来考察相关性。本书主要参考了基思·约翰逊（Keith Johnson 2008）的《语言学量化研究》（*Quantitative Methods in Linguistics*）一书中针对语音学、社会语言学的数据分析方法，还有贝雅（Baayen 2008）的 *Analyzing Linguistic Data: A Practical introduction to Statistics* 一书中的统计方法，主要用于分析言语变异过程中各种社会因素，如性别、年龄、职业等所起到的作用。

第二章

研究内容、过程与方法

第一节　研究内容

已有研究都提到西北官话单字调正在减少的现象，其中特别是兰银官话的很多方言点出现四个单字调向三个单字调，甚至两个单字调演化的趋势（邓文靖 2009b:66–72；朱晓农、衣莉 2015:1–11）。本书正是在这样一个前期研究的基础上，针对西北官话单字调发生衰减、合并的现象，做进一步的研究。

不同于前人的研究，本书的调查内容与研究方法都有所改变。从研究内容上讲，本书涉及的地理范围是以兰州为中心，以河西走廊为主线，向西、向东的一个方言片。如前所述，以往针对西北方言的概况研究多是基于前期已经发表材料的整理，针对大范围方言点进行的田野调查和整理的工作进行得很少。田野调查更多地是针对某一个、某几个方言点进行的调查和描写，或者是针对一个方言点进行多次、深入的调查。例如，针对兰州红古话，前前后后就有许多语言学工作者投入精力和时间进行研究分析（雒鹏 1999:74–77；张文轩、邓文靖 2010:85–88；莫超、朱富林 2014:43–46；武波、江荻 2017:24–31）。不得不说，这样的调查研究固然能够比较翔实、深入地体现出一个方言点的基本特点，但是要想探究语言演变后面的动因，或者至少是相关性比较大的其他要素，这种点状似的调研显然不能满足这个要求，因为很多解释需要从相邻方言点或者相似的声调变化中去找寻。坦率地讲，笔者认为有时候这种对热点的描写不啻为一种猎奇，所以我们看到很多研究的结尾会用"接触"这个含混而模糊的概念收尾，既没有清楚地将顺方言点之间的关系，也没有找到语言演化背后的原因。而梳理清楚西北官话各个方言点之间的关系，以及声调合并的规律和动因正是本书竭力要达到的目的。本书调查的客体不是某一个方言点，而是一片方言点，是要针对西北方言主要分布地区做一个广布似的类型学研究。2010 年前后，笔者针对西北方言做了一次一点一人的普适调研，法国科学院的米可教授对此提出意见，建议笔者在研究西北方言时，不仅要考虑某一个点的情况，还要考虑它周边方言点的情况，甚至要考虑到方言点之间的地形、地质差异。本书收集材料的时候就是竭力要做到这一点，不仅是静态描写每一个方言点的情况，还要尽量将每一个方言点穿成线，连成片，形成一个一个类型学的描写材料。

本书田野调查的录音材料和后期对声调的分析、描写与以往的研究有所不同。录音材料除了从《方言调查字表》中选取了与西北各个方言点特征相契合的单字，还录制了大量的自然语流的材料，在研究连字调的时候，尝试从自然语流中切分出双音节词，进行对比描写。本书利用现代语音录音技术和软件分析设备收集材料、分析数据，再利用数学的归一分析方法，得到最能体现方言点声调的基频归一曲线图。这样做的目的是将方言点之间、人际之间非语言学的声学差异消弭掉，从而能更加科学地描写出声调合并的现象及声调合并的趋势。以往的研究都没有将基频归一处理，有的是直接用基频数据描写，有的是将基频数据平均之后再描写，这种处理方法对于单一方言或者单一发音人的数据描写没有太大的区别，因为在一个方言内部的人际差异，用一般的基频平均和基频 Log 值就可以消除掉，但是在进行方言之间的对比时，仅仅用平均就不够了，基频归一的意义就会凸显出来。由于有些方言点会有比较显著的发音特色，如很重的鼻音韵尾，但是这种鼻音韵尾又没有语言学的区分意义，只能称为口音风俗上的差距，这样的特征在描写一地方言的时候就应该详细阐释，但是在进行方言之间的对比分析时，则应该忽略，所以本书的内容之一就是将西北官话各个方言点的声调基频归一图整理、计算出来，从而能够为进行类型的归类和分析做准备。计算的部分虽然不关乎理论，但确是理论分析的重要前提。

另外，以往的研究很少探究声调减少的原因，或者大多从接触的角度来谈声调的变化，一没有深究其中的因果，二没有捋清楚接触的脉络和线索。仅仅将"接触"这个概念摆出来，似乎认为有两种语言／方言并存，"接触"就是顺理成章的。前期的研究既没有像拉博天（Labov 1960，1961）的研究那样说明谁接触了谁，从而论证出为什么会有这样的接触影响，也没有如王士元（2010）的词汇扩散理论那样给出接触的脉络。大多数提出接触，更像是一种理所当然的解释。本书从几个方面来探究西北方言声调演化逐渐减少的成因，主要体现在两个方面：一是从普适调型库（朱晓农 2018：113-132）的角度，谈声调的调位特征在调类合并和调类区别上扮演的角色，另外，普适调型库中还有个很重要的概念，即"纯低调"这个概念，本书会着重探究"纯低调"在声调合并过程中的角色；二是沿着"纯低调"这条线索，结合调位特征这个概念，仔细分析四个单音节字调与三个单音节字调在声调习得过程中调位特征对于调类合并的作用，探讨它们之间的承继关系，以及三个单音节字调与两个单音节字调的承继关系；三是再比较分析所有发生了声调衰减、合并现象的方言点的共性特征，找出声调演化的路径，为解释其他声调衰减、合并现象提供思路。

具体而言，本书包括如下五个问题：一是针对西北官话分布情况，围绕八个点（西宁、临夏、酒泉、银川、兰州、红古、昌吉、天水）进行辐射状田野调研，在每个点扩散调查周围与这个点方言相近或者相似的三十个左右的下位方言点，目的是进行一个普适性的调研，建立一个初步的西北官话单字调声调数据库。二是围绕上述的八个核心调查点，分析所有下位方言点的单字调语音数据，进行归一整理，分析每个下位方言点的单字调情况，进而分析每一片方言点的单字调情况，再针对每一个方言片进行分类整理。三是考察每一片方言点单字调是否出现合并现象，以及合并现象的共性和差异。四是考察每一片方言点单字调合并的成因，从以下几个方面分别进行讨论——根据西北官话的特点，调整"普适调型库"的内容，再将上述方言点放入到普适调型库中；"纯低调"在西北官话单音节字调合并中扮演的角色；调位特征对于形成有区别性的声调格局所起的作用，以及调位特征在单音节字调合并过程中是如何起作用，并且发生特征转换的。五是总结探讨西北官话单字调分布的类型特点、调类合并的成因及类型特点，进而探究下一步的演化方向。

第二节　研究过程

第一，挑选方言点，实地录音、收集语料，同时查阅文献资料进行对比。笔者从 2015 年至 2018 年历时三年，共调查了 149 个方言点，录制了 236 名发音人的材料。在这一阶段，主要是甄辨文献材料，确定调查点，并针对相应的调查点寻找发音合作人，收集西北官话的语音材料，材料包括单音节、双音节、三音节连字调。同时，收集自然语流的语音数据材料。

第二，针对所有的语音材料，分析整理数据，继而进行语音感知测试。针对单音节、双音节、三音节和自然语流的语音材料，进行语音标注，提取音高、音长、音强数据，将音高用 Lz-Score 基频归一方法处理。针对自然语流的语音材料进行切分，之后再分别依照前文所述的办法进行处理。数据整理与语音感知测试几乎同步进行，利用软件 Matlab 对数据参数微调来测试、抽取其中有语言学意义的语音参数，确定方言的单音节字调是否真的发生了合并现象。同时，对于语音发生变化的方言点，做相关参数的统计分析，包括但不限于性别、年龄、职业、教育程度等。

第三，针对所有的数据材料，结合相关理论进行分析、整理，抽象概括出与语言学相关的结论，解决如下的一些问题：西北官话单音节字调的描写；西北官话单音节字调的调位特征分析；探讨单音节字调和多音节字调谁是"变调"，谁是"本调"；调类的合并和减少是社会语言学的因素造成的，还是声学语音学的因素造成的，如果是前者，哪些因素占主导地位，如果是后者，又是哪些声学要素起了作用；出现调类合并的方言之间是否存在类型学共性或者差异。

第三节　研究方法

一、收集数据

本书的研究方法包括三个方面的内容。一是关于语音的记录，即如何进行方言声调的田野调查。这是科学研究的物质层面，也就是材料的收集阶段，这个阶段需要一部分前瞻理论的指导，才能制订出有效合理的计划，收集到有效的数据材料。二是关于语音数据的分析，针对大量的录音材料，如何整理分析，进行科学的描写也是语言研究必不可少的一个环节。这个环节就像是生物学早期研究阶段针对动物标本的归类阶段一样，对数据分析就是将所有的数据进行归类、去其纷繁复杂的表象，展现出所有数据的规律和本质特征。三是如何运用已有的理论解析数据分析的结果，进而建立新的理论解释框架。这一步就像是现代生物学中实验室的细胞或者更进一步的 DNA 分析，此时外在的特征已经不再是最重要的研究目标，每个标本的内在属性才是这一阶段的研究重点。这一阶段的研究尤其需要有较高的理论水平，才能高屋建瓴，从一个更深入的、更全面的、整体的画面看问题，找出线索和各种现象之间彼此的联系，揭示其底层的看不见的那些语言规律。

进行方言调查的第一步就是记录语音，记录语音包括三个方面的内容：记录什么，记录谁，用什么来记录。

首先，关于记录什么。本书的录音材料分为四个部分，第一部分是传统的单字调字表，根据《方言调查字表》，结合西北官话的特点，挑选录制了平、上、去、入阴阳八个调的单字 148 个。第二部分按照阴平、阳平、上声、去声分别处于双音节词首和双音节词尾的排列组合，即"阴平－阴平、阴平－阳平、阴平－上声、阴平－去声、阳平－阴平、阳平－阳平、阳平－上声、阳平－去声、上声－阴平、上声－阳平、上声－上声、上声－去声、去声－阴平、去声－阳平、去声－上声、去声－去声"的方式，挑选了 292 个双音节词汇。第三部分是三音节的连字调词汇，按照阴平、阳平、上声、去声分别处于三音节词首、词中、词尾的排列组合，即"阴平－阴平－阴平、阴平－阴平－阳平……"的组合方式，以此类推，共录制 192 个三音节词汇。第四部分针对每个发音人的具体情况，录制了一些现场的自然语流，包括但不限于读报、讲笑话、聊家常、唱民歌等。在录制每个单音节字或者多音节词的时候，要求每个发音人在每个字 / 词中间停顿 2 ～ 3 秒。本来应该按照赖福吉（Ladefoged 2018）书中的建议，在每个单字录音时使用承载句，即将每个字放到一个固定的句子中，如"我要说＿＿字"这样的句子里，但是 Ladefoged 的承载句是用来调研元音和辅音的，音位的语音参数不会过多受到前后字的影响。当然，影响也是存在的，如鼻音的同化，可这种影响毕竟没有对声调的影响那么明显。如果将一个字放到承载句中，那么这个字此时的声调就不能严格地称为单音节字调，因为它会随着前后字的声调情况出现明显的改变，这是汉语方言研究的另一个重要问题，即连字调的问题。为了解决发音人可能会猜到我们录音的目的，或者因为疲惫等外在原因而不能将每个字都完整地读出来，我们在录音字表中会插入一些讹字，使被调查人无从觉察调查目的，从而可以获得比较自然的发音。整理数据时，去掉讹字的数据，将所得基频数据做归一整理（朱晓农 2010）。

其次，关于记录谁的问题。寻找发音人大概是每一个田野调查者首先要面对的困难。传统的看法是，要寻找一个年纪大的，说当地方言非常"地道"的发音人，他们通常被称为"理想的发音人"。这个人最好是在当地住了很久的男性，因为女性会出嫁。但是这些要求在今天的中国已经慢慢失去了意义。一是人口流动加大，无论男、女都有极大的可能离开故土。二是普通话的普及、语言的自然演变和电视、媒体的覆盖度，使越来越多的人每天都会"沉浸"在国家通用语，即汉语普通话的语境中，再加上语言自然演变的属性（Fromkin et.al 2007），寻找那些上了年纪的"理想发音人"固然有其必要性，但是调查不同人群的"方言"状况也有自己的意义所在。况且，本书的目的就是要探究声调变化的某种趋势，所以调查人完全不必囿于所谓的"理想发音人"。三是录音的方便性也让我们寻找所谓"理想完美的"发音人不那么迫切，因为我们可以通过多录制几个来自同一个方言点的发音人，将他们彼此之间的个体差异用统计和数据归一的方式去掉，找出声调中最"一般"（general）的本质特点。此外，发音人最好是认字的，因为需要读字表。笔者也遇到过不认字的发音人，这个时候常常会在征求对方同意的基础上，录制聊天记录，主要用于做多音节字调的分析研究。

每次录音之前，笔者都会询问发音人的个人信息，包括年龄、性别、职业、教育背景、通信方式等，大多数发音人都会非常配合，我们也承诺要对调查参与者的身份保密。实际上，与笔者一起工作的很多发音人都很乐意让别人知道他们帮助描写了自己的方言，这是一件令他们感到骄傲的事。至于发音人的数目，"从统计学角度讲，描写一个方言点的声调，需要不少于 6 个发音人。如果可能，使用 12 个发音人，如果能够达到 24 ～ 30 个发音人就非常理想了"（朱晓农 2010:279）。在田野工作中，我们常常能找到愿意和我们一起工作的发音人，对此我心怀感激。但是有些比较偏僻的方言点，找到一个发音人就很困难。我们这次调查针对比较大的、人口数目比较多的方言点，会挑选 6～32 个发音人，针对比较偏僻的方言点，做到一人一点。最后在八个调查点，我们共调查了 236 名发音人，具体的情况见附录。年龄最小的 16 岁，最大的 81 岁，教育程度最低是小学三年级，最高为博士。职业涵盖了教师、学生、公务员、自由职业、警察、宾馆服务员、工人、退休干部等。我们希望不仅能够从横向空间的维度描写方言，也能够从纵向时间的维度来描写方言，从而更加全面、深入地展现一个方言的更大图景。

最后，用什么来记录。调研中，我们一直都是用一个录音软件 praat 录音，同时配备高质量的电脑，或者高质量的外置电脑声卡。同时，针对有些发音人会做电话回访，回访的录音是用智能手机的内置录音设备，之后再转换成 WAV 格式的录音材料。我们的录音环境相对比较随机，因为主要的八个方言录音点是在省会城市或者县城，所以我们大部分的录音都会选择在安静的宾馆，用窗帘将玻璃这一类会影响录音效果的部分遮挡住，或者在发音人所在单位，选择一间安静的办公室录音。即使是这样，也会有个别发音人的录音效果不是很好，我们对于这些发音人的材料只做听辨参照，没有提取基频数据加以处理。

二、分析数据

本书在确定"声调承载段"和"声调承载段"基频的起点和终点时，均参照朱晓农（2010:277）的方法。朱晓农（2010）提出在描写声调的音高曲线时，要先明确两个与声调有关的基本概念：声调成分和声调目标。一个声调有三个组成部分，即调头、调干和调尾。调头是指声调前端 10%～20% 的音高段，这个部分会受到声母辅音、发音初始态等因素的影响；调尾是指最后 10%～20% 的音高段，这个部分会受到音高衰减、非音位性喉塞尾的因素影响（这一点在西北官话中尤其明显，西北官话有很多方言点的发音人有很重的鼻音韵尾，这个特点没有语言辨义的功能，但是很有地方方言的特色）；去掉调头和调尾，剩下的就是调干。声调目标是一个较难掌握的概念，一个声调有时间延续，在这个延续的过程中，有些部分要比另一些部分更重要，我们把这些对于辨认声调更重要的部分称为"声调的语言学目标"，也就是"声调目标"，那些对于辨认声调不重要的成分则是"声调的羡余成分"。朱晓农（2010:277）在这里指出，"判断声调的'语言学目标'还是'羡余成分'需要用声学数据的统计分析结果，具体的确定需要有听感的心理语言学实验。声学目标的统计学特征是指所在点的声学数据方差较小，也就是说在发某个声调的某些特定部分的时候，发音人要达到一个相对较窄的音高范围。那么方差大的点就是羡余成分，是指音高范围容忍度较大的那个部分。方差小的地方是语言学的目标，所以发音人都努力去达到；方差大的地方不是语言学的目标，所以发的高点还是低点都无所谓"。这里主要是从理论上讲如何定义一个语言学意义上有效的声调部分。具体在实际操作时，根据不同的调形，还有相对的变动。例如平调，从理论来看，从调头到调尾都是语言目标，因为如果调头低了，整个声调就是一个升调的调形；如果调尾低了，就变成了降调；如果调干低了，就成了凹调，相反就成了凸调。但是因为发音初始态引起的调头的升高或者下降，或者调尾因为话语结束而引起的音高衰减则不能算在内。升调有时候会和凹调一样，也呈现为一个凹形，所以升调和凹调的区别在于拐点的位置，拐点在 20% 时长处的就是升调，在 40% 处的就是凹调。但是升调的调尾一定是一个语言目标，调尾一定要高，而凹调的语言目标是在拐点最低处，也可能会在最低点停止，或者出现嘎裂声。降调的语言目标是声调的起点，或者在时长 5% ～ 20% 调头与调干交界的峰点，凸降调是降调的一个变体，语言目标是最高的峰点，或者简而言之，降调和凸降调的语言目标都是最高的峰点。

　　虽然从理论上可以这样定义每个调的语言目标，但是在具体测量标注的时候，还有一个很重要的衡量标准，即将声调标注部分与整个音节的发声做比较，如果听感上一样，说明标注内的部分都是语言目标，如果感到有缺失，说明有一部分语言目标没有被标注进来。这一点用 praat 软件来做这个部分非常容易。如图 2-1 所示，可以先点击 Praat 下方第三行的按钮，然后再点击阴影部分第一层的声音按钮，如果听感一致，说明标注准确。当然，这要将那些标注范围过宽的错误标注排除在外。这种操作看起来是很容易的，但是对于标注者的听辨能力也有较高的要求，需要他 / 她对这个方言有一定的了解，否则可能无法确定有些成分（如鼻音韵尾）是否是声调的组成部分。

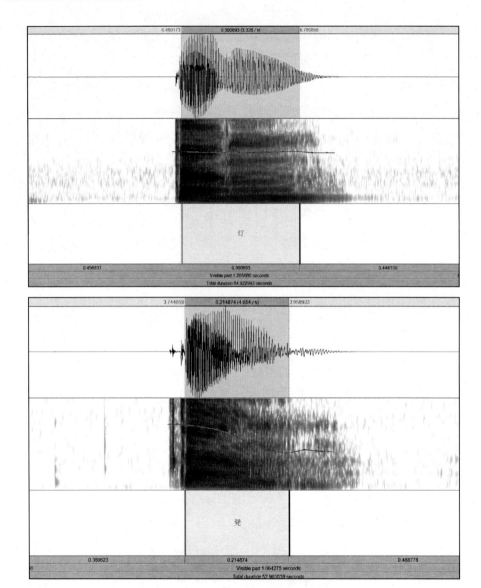

图 2-1　标注声调例图

为了详细解释我们提取基频和对基频数据分析，进而画出声调基频 Lz-Score 归一图的整个过程，此处以一名酒泉地区的发音人高 CL 的数据分析为例，将单字调基频提取和时长数据的计算过程展示一遍。

首先，利用 praat 软件和一个基频提取程序，针对每个发音人的每个字的录音进行标注，标注的方式如图 2-1 所示，在标注过程中，会根据每一位发音人的特点设置基频提取的范围，如女性一般会设置在 75 Hz ～ 450 Hz 之间，男性的基频范围会比较低，一般设置为 40 Hz ~ 250 Hz。每一个单字都标注完毕之后，再用基频提取程序自动提取每个单字 11 个点的基频数据和时长（取 11 个点是为了获得 10 个时长间隔），然后根据平上去入阴阳八调取每一个调的基频测量值的均值（见表 2-1）。

表 2-1 平上去入阴阳八调所有例字基频测量值的均值

调类	0%	10%	20%	30%	40%	50%	60%	70%	80%	90%	100%	ms	n
1a	218	216	216	216	216	215	214	214	213	212	211	375	18
1b	241	239	237	233	230	225	221	215	210	204	199	372	20
2a	258	255	251	247	242	236	229	220	211	201	193	325	18
2b	201	201	199	198	197	196	195	193	191	187	185	383	17
3a	177	166	161	160	162	167	174	182	190	201	211	384	14
3b	182	171	167	165	167	171	180	191	199	208	213	382	17
4a	177	175	174	173	172	172	174	175	176	177	178	401	15
4b	229	227	224	220	217	213	207	202	195	187	180	363	15

注：以发音人高 CL 为例，第 13 栏 ms 指时长，第 14 栏 n 指该调的有效例字数目

然后，将表 2-1 中的基频值取对数值（见表 2-2），再取表 2-2 中对数值的均值 μ 和标准差 σ。根据朱晓农（2010:287）的观点，将各声调在 0% 位置的均值要舍去，降调 100% 位置的均值也要舍去。再按照公式 $(\chi i - \mu)/\sigma$ 求出每个对数值的 Lz-Score 值，将其放入表 2-3 中。

表 2-2 基频均值的对数值

调类	0%	10%	20%	30%	40%	50%	60%	70%	80%	90%	100%
1a	2.34	2.33	2.33	2.33	2.33	2.33	2.33	2.33	2.33	2.33	2.32
1b	2.38	2.38	2.37	2.37	2.36	2.35	2.34	2.33	2.32	2.31	2.30
2a	2.41	2.41	2.40	2.39	2.38	2.37	2.36	2.34	2.32	2.30	2.28
2b	2.30	2.30	2.30	2.30	2.29	2.29	2.29	2.29	2.28	2.27	2.27
3a	2.25	2.22	2.21	2.20	2.21	2.22	2.24	2.26	2.28	2.30	2.33
3b	2.26	2.23	2.22	2.22	2.22	2.23	2.25	2.28	2.30	2.32	2.33
4a	2.25	2.24	2.24	2.24	2.24	2.24	2.24	2.24	2.25	2.25	2.25
4b	2.36	2.36	2.35	2.34	2.34	2.33	2.32	2.30	2.29	2.27	2.26

表 2-3   对数值的 Lz-Score 值

调类	0%	10%	20%	30%	40%	50%	60%	70%	80%	90%	100%
1a	0.65	0.60	0.59	0.61	0.58	0.54	0.52	0.50	0.47	0.45	0.41
1b	1.51	1.42	1.34	1.23	1.10	0.95	0.77	0.57	0.36	0.14	−0.06
2a	2.07	1.95	1.83	1.68	1.52	1.31	1.07	0.74	0.39	0.00	−0.35
2b	0.02	−0.01	−0.06	−0.12	−0.16	−0.19	−0.24	−0.34	−0.43	−0.58	−0.67
3a	−1.03	−1.59	−1.81	−1.89	−1.77	−1.52	−1.19	−0.82	−0.45	0.01	0.42
3b	−0.83	− 1.32	−1.50	−1.60	−1.54	−1.30	−0.91	−0.41	−0.06	0.27	0.49
4a	−1.06	−1.11	−1.19	−1.23	−1.27	−1.26	−1.20	−1.15	−1.08	−1.02	−1.00
4b	1.06	0.99	0.89	0.76	0.64	0.46	0.25	0.03	−0.24	−0.61	−0.89

接着，再将表 2-1 中的基频时长十等分，放入到表 2-5 中。用 Excel 的散点图做法，以时长为横轴的数据，以 Lz-Score 值为纵轴数据，做出发音人的声调格局图（如图 2-2）。

表 2-4   十等分的基频时长   （单位：ms）

调类	0%	10%	20%	30%	40%	50%	60%	70%	80%	90%	100%
1a	0	37.5	75	112	150	187	225	262	300	337	375
1b	0	37.2	74.3	112	149	186	223	260	297	335	372
T2	0	32.5	65.1	97.6	130	163	195	228	260	293	325
2b	0	38.3	76.6	115	153	192	230	268	307	345	383
T3	0	38.4	76.9	115	154	192	231	269	308	346	384
3b	0	38.2	76.4	115	153	191	229	267	306	344	382
4a	0	40.1	80.2	120	160	201	241	281	321	361	401
4b	0	36.3	72.6	109	145	181	218	254	290	327	363

在指称调类时，为方便方言间的对照，用历史音韵类：阴平、阳平、阴上、阳上、阴去、阳去、阴入、阳入来表示，代码分别是 T1a，T1b，T2a，T2b，T3a，T3b，T4a，T4b。如果阴阳去合并，则统称为"去声"T3。所以本书描写的西北官话中，主要的调类包括：阴平、阳平、上声和去声，他们分别被表示为 T1a，T1b，T2，T3。

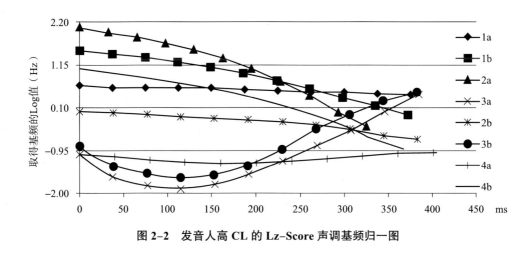

图 2-2　发音人高 CL 的 Lz-Score 声调基频归一图

本书对声调的调值描写采用"分域四度制",调值标在花括弧 {} 里(Zhu 2012:1-17)。这是一种基于跨语言描写的声调标度,指的是声调有高中低三种调域。高域由假声定义,底伏域(default)中域由清声定义,张声可能实现在中域或高域中。低域由气声、带声或嘎裂声定义,嘎裂声也可能作为中域清声的变体。每个域中音高分四度,标在花括弧 {} 里。两个相邻的域之间相差一度,三个域总共包括六度音高:高域的音高从 {3} 度到 {6} 度,中域从 {2} 度到 {5} 度,低域从 {1} 度到 {4} 度。与其他标调制的不同在于,它是基于多维度描写声调的一种模式,不仅在于声调的拱形,也不仅仅在于声调的高低,而是将声调的域、时、频在一个框架里展示出来,这样的描写标度,对于跨语言的类型研究非常有效,理由详见朱晓农(Zhu 2012: 1-17)。

最后,分析材料时,要将音位分析与声调分析有机结合。声母、韵母不能简单地对应为音位,所以针对每个方言点,还要有音位特征与声调特征的分析对比,从多维度探讨声调衰退的原因:声母、韵母、音节、声调的搭配,连字调的影响,语言之间的影响,以及如何平衡这些因素。

三、实验听辨

本书主要的关注点在于声调的合并现象,所以研究中一个主要的部分是检验一个方言点的单音节字调是否有已经合并的声调调类,或者是否存在正在合并的声调调类。针对这个问题，本书设计了两个检验步骤。

第一个检验步骤在录音环节。如果在录音的时候发现两个调类非常接近，至少录音人自己纯粹靠听感无法区别这两个（或两个以上）调类，就可以在所有的录音材料录完之后，让发音人自己听辨这两个调的差异。例如，阴上 2a 和阴去 3a 两个调类在兰州话中就会出现非常接近，甚至重合的情况，那么就将阴上和阴去中能够形成最小对立对的字挑出来，让发音人自己听自己的录音，然后到录音字表中去辨认是哪个字，如果听不出来，说明这两个调已经合并，如果能够清晰地分出差别，说明两个调非常接近，还没有合并，只是在录音人的耳中听辨不出来罢了。接下来需要做更进一步的研究，即发现到底形成这两个声调对立的语言目标是什么。这个时候可以运用音变实验的工具，如利用 Matlab 软件改变发音材料的基频走向，但是并不破坏发音数据的共振峰，以此来测试形成这样两个调对立的语言目标是什么。语音材料听辨的真实性也是一个研究的难点。听辨最好在录音的同时进行，但是有时候也需要先处理一下录音材料才能进行，当然耗时耗力是难免的。此外，还要避免发音人猜测到调查者的意图，或者因为疲惫、不耐烦的原因，而屈从调查者想法的现象。这些都需要社会语言学调查的经验。

第二个检验步骤在录音之后的环节，即在整理声调数据的过程中，会发现某个方言点的两个（或两个以上）的声调调形一样，甚至出现了重合，这个时候需要重新寻找这个方言的发音人，不一定是原来录音的发音人，只要是熟练的方言母语人即可，让他们听辨前期录音的材料。此时的材料是从前期录音的材料中编辑出来的，也是寻找形成对立的最小对，来检验两个声调调类是否合并。表 2-5 就是上声和去声最小对对立的例字表。

表 2-5　上声和去声的最小对音标

2a	懂 dɔŋ	等 dəŋ	粉 fən	岛 dau	响 ɕiaŋ	底 di	.			
3a	冻 dɔŋ	凳 dəŋ	粪 fən	到 dau	向 ɕiaŋ	帝 di	霸 ba	妒 du		
2b	动 dɔŋ	马 ma	痒 jaŋ	舅 tɕiu	买 mai	弟 di	罢 ba		是 ʃi	士 ʃi
3b	洞 dɔŋ	骂 ma	样 jaŋ	旧 tɕiu	卖 mai	第 di		渡 du		

　　除了上述的两个步骤，还有一个步骤，即询问和访谈。可以广泛地询问被调查的方言点的居民，或是闲聊的形式，即随机询问某两个字，或某两组字的读音是不是有区别，当然询问者自身明白这两个 / 组字是分别属于哪一类的调类。当然，这种方式不是非常可靠，因为很多发音人更愿意显示自己方言的与众不同，这有可能会影响他们的选择。不过当询问的数量达到一定程度时，真相就会显现出来。可以说，这也是听辨实验的环节之一。

第三章

西北官话主要方言点单音节字调声调格局

  笔者共进行了三年（2015—2018年）的调查，最初的计划是调查甘肃、宁夏、青海和新疆四个省区发生了声调合并现象的汉语方言，特别是那些原本记录为四个单音节字调，之后发现只有三个单音节字调或者两个单音节字调的方言点，调查的初衷也是尽可能大范围地覆盖整个西北方言的面。调查开始时，笔者针对西北官话分布情况，逐次围绕一个点进行辐射状田野调研，在每个点扩散调查周围与这个点方言相近或者相似的下位方言点，其中在西宁和银川的调研最为顺利。在西宁调查到的31位发音人基本覆盖了青海省的几个次方言片，即西宁、乐都、循化，此外笔者还找到了民和的发音合作人进行了录音。在银川的49位发音人也能够基本反映出分布于宁夏的中原秦陇、中原陇中和兰银银吴的汉语方言大致情况。甘肃酒泉的40位发音人分别来自酒泉地区和张掖地区，大致能够反映兰银河西片的方言情况。兰州、红古、永登和皋兰是笔者深入调研的地区，共录制了54位发音合作人的语音材料，反映了兰银金城片的方言情况。在临夏调研到的28人和天水调研到的24人则从东西两个方向展示了甘肃境内中原秦陇和中原陇中官话的方言情况。最后要特别解释一下在新疆的调研情况，笔者在新疆的调研主要集中在昌吉，共调查了10个发音人，来自昌吉市区、昌吉木垒、昌吉奇台、昌吉老沙湾、喀什、伊犁、哈密、克拉玛依、石河子和阿克苏几个点，除了昌吉和哈密的发音人，其他几个点的发音合作人都讲普通话。此外，笔者发现汉语普通话的普及力度在新疆很大，大概一是由于内地移民很多；二是由于改革开放之后人员流动比较大，外地来做生意的人非常多，所以口音变化很快。最后经过筛选，新疆的汉语调查人当中只保留了三位昌吉发音人和一位哈密发音人的材料加以分析统计。最后，以四个省区的八个点（青海西宁、宁夏银川、甘肃临夏、甘肃酒泉、甘肃兰州、甘肃红古、甘肃天水、新疆昌吉）为中心，共调查了149个方言点，236名方言发音人。每个点调查的人数分别是：西宁（31人）、临夏（28人）、酒泉（40人）、银川（49人）、兰州（34人）、昌吉（10人）、红古、永登和皋兰（20人）、天水（24人）。

针对这149个方言点，236位发音人，与一般意义的语言调查相同，笔者首先分析了所有方言点的单字调语音材料，然后整理数据，去除掉因为录音环境、发音人个体生理局限造成的数据损坏情况，最后得出每个发音人的单音节字调声调格局图。声调格局是针对每个字调的基频数据，取 Log 值，然后依据每个人的整体基频格局进行 Lz-Score 的归一整理，以时长为横轴，以基频 Lz-Score 值为纵轴做出每个个体的单音节字调的格局图，由此建立了一个初步的西北官话单字调声调数据库。

本章将以上述的八个调查点为据，以 Lz-Score 声调归一图的形式，分别描写每个调查点发音人单音节字调的声调格局，再针对这个调查点中所有下位方言点所呈现出来的共性和差异，以及变化的趋势，对他们进行分类描写。在分类描写的表格中，笔者没有给出具体的声调调值，只是给出了声调的调形，这是因为每个发音人的声调格局图是按照四度制来绘制的，所有发音人的声调调值可以通过声调格局图一目了然。同时，分类的标准主要是看每一个调类的调形走向和归并趋势，所以本章在对他们进行分类描写时，没有强化"调值"这个概念。这在下一章讲到声调的调位特征时会详细讲解。

每个调查点的表格左侧的四栏分别表示的是方言片、调查点所在的县市、乡镇和村。右侧 1～5 栏分别是每个点的阴平、阳平、阴上、阳上、去声的调形，如果两个声调的调形已经合并，后者就用">"号表示"与 ×× 一致"。最后两栏分别是阴入字与阳入字的归并情况，也是由">"号表示已经并入哪个调类。以下类同，后文不再做解释。

最后要加以说明的是，本章的每一个小节并没有按照自然行政区划来定义，而是按照调查时选取的中心点来定义，正如前文所述，每个点都有其自身不同的特点。

第一节　青海西宁

以青海省西宁市为中心的调查点共调查了31位发音人，以村为单位，一共有27个点。在西宁市收集到的方言点的声调格局和分类很整齐，也比较容易分类，基本符合张成材（1984:186-196）对青海省的汉语方言的分类。他将青海省的方言划分为西宁、乐都与循化3个小片。本节在描写31位发音人单字调格局的基础上，也将他们分为3小类，分别是西宁、乐都与民和，循化与西宁的格局一致。民和与甘肃省兰州市的红古区相交界，与另外两个点的特征都不一样。在民和录制了4个发音人，呈现出3种不同的单音节字调类型，所以在此将其单分为一类。在循化地区也录制了4位发音人，其中3位的单音节字调格局与西宁小片的一样，所以将其归入到西宁小片中。只有一个人的声调格局有所不同，我们将其单独分出解释。具体如表3-1所示。

第一类是乐都小片，包括乐都县马营乡和瞿昙乡两位发音人。他们的汉语方言中，阴平和阳平调形一致，都是凹调，马营乡发音人的阴平和阳平都是两折调，两折调是凹调的一个变体。两位发音人的阴上和次浊上都是降调，马营乡的阳上字是两折调，瞿昙乡的阳上是升调。马营乡发音人的阳上和去声与阴平字合并，都是两折调。瞿昙乡发音人的阳上字与去声字还保留升调的调形。这两个点的去声（包括阳上字）的变化可以折射出三个调向两个调演变的趋势。声调的演化路径上，升调—前凹调—低凹调—两折调处在一个连续统上，他们之间的不同只是声调曲线拐点的不同而已（朱晓农、章婷、衣莉 2012:420-436），那么，从一个点到另一个点的变化就是一个自然而然的过程。

表 3-1　青海省西宁市 31 位发音人的单音节字调的声调描写

方言片	市/县	乡镇/村	T1a	T1b	T2a	T2b	T3	T4a	T4b
中原陇中	乐都县	马营乡/连丰村	两折	>1a	降	降+两折	>1a	>1a	>1a
中原陇中	乐都县	瞿昙乡	凹	>1a	降	降+升	升	>1a	>1a
中原陇中	民和县	隆洽乡/桥头村	升	升	升+凹	升	升	>1a	>1a
中原陇中	民和县	隆洽乡/桥头村	升	升	升+凹	升	升	>1a	>1a
中原陇中	民和县	巴州镇/下马家村	平	微升	降	降+凸降	凸降	>1a	>1a
中原陇中	民和县	马场垣乡/香水村	平微升	升	低降	低降+升	升	>1a	>1a
中原陇中	循化县	—	平	升	>1a+升	平+降	降	>1a	升
中原陇中	循化县	街子乡/果什滩村	平	升	>1a	平+升	>1b	>1a	平+升
中原陇中	循化县	—	平	升	>1a	平+升	>1b	>1a	平+升
中原陇中	循化县	—	平	升	>1a	平+升	>1b	>1a	平+升
中原陇中	大通县	桥头镇	平	升	>1a	平+升	>1b	>1a	平+升
中原陇中	大通县	城关镇/西关村	平	升	>1a	平+升	>1b	>1a	平+升
中原秦陇	西宁市	城东区	平	升	>1a	平+升	>1b	>1a	平+升
中原秦陇	西宁市	城西区	平	升	>1a	平+升	>1b	>1a	平+升
中原秦陇	西宁市	城西区	平	升	>1a	平+升	>1b	>1a	平+升
中原秦陇	西宁市	—	平	升	>1a	平+升	>1b	>1a	平+升
中原秦陇	门源县	浩门镇/头塘村	平微降	升	>1a	降+升	>1b	>1a	平+升
中原秦陇	门源县	青石嘴镇/上吊沟村	平	升	>1a	平+升	>1b	>1a	平+升

续表

方言片	市 / 县	乡镇 / 村	T1a	T1b	T2a	T2b	T3	T4a	T4b
中原秦陇	门源县	阴天乡 / 卡子沟村	平	升	>1a	平＋升	>1b	>1a	平＋升
中原秦陇	互助县	威远镇 / 白崖村	平	升	>1a	平＋升	>1b	>1a	平＋升
中原秦陇	互助县	五峰镇 / 前头沟	平	升	>1a	平＋升	>1b	>1a	平＋升
中原秦陇	互助县	丹麻镇 / 汪家村	平	升	>1a	平＋升	>1b	>1a	平＋升
中原秦陇	化隆县	查甫乡 / 查一村	平	升	>1a	平＋升	>1b	>1a	平＋升
中原秦陇	化隆县	巴燕镇 / 城关	平	升	>1a	平＋升	>1b	>1a	平＋升
中原秦陇	湟源县	城关镇	平	升	>1a	平＋升	>1b	>1a	平＋升
中原秦陇	湟中县	大才乡 / 前沟村	平	升	>1a	平＋升	>1b	>1a	平＋升
藏语区	祁连县	城关区	平	升	>1a	平＋升	>1b	>1a	平＋升
藏语区	乌兰县	希里沟镇 / 东庄村	平	升	>1a	平＋升	>1b	>1a	平＋升
藏语区	兴海县	城关镇	平	升	>1a	平＋升	>1b	>1a	平＋升
藏语区	都兰县	香日德镇 / 城关镇	平	升	>1a	平＋升	>1b	>1a	平＋升

　　第二类是民和小片，共有 4 位发音人。民和小片的单音节字调格局有些复杂，这 4 位发音人又分为 3 小类。一类是民和隆治乡桥头村的两位发音人，都是男性，他们的阴平、阳平、上声和去声都是升调的调形。其中一位发音人的阴平和阳平调形走势更加接近，另一个发音人的阴平和去声调形走势更加接近。在听感上没有区别，而在声调格局图中，他们的声调曲线有高低的差异，二者的阴平都是最高，一位发音人的阳平在最低点，另一位发音人的去声在最低点，二者的上声都居中。目前还没有做听辨，无法考察这个高低的差异是否有语言学意义。不过根据笔者的观察，至少他们两位交流是没有障碍的，而且，虽然他们的单音节字调都是升调的调形，但是在双音节和三音节字调中，他们呈现出三种调形（平、升、降）结构。后文将继续讨论这个问题，即他们的语言最小单位也许不是单音节的字，而是双音节或者三音节的词。总之，民和县隆治乡的单音节字调目前的调查结果是只有一个调形，都是升调，阴平最高，上声居中，阳平和去声居于较低的位置，可能已经合并。民和巴州县只有一位发音人，他有 4 个单音节字调，阴平是一个微升的平调，阳平是升调，上声是一个低降调，这个降调在声调归一图上面很不明显，初看以为是个平调，但是听感上是个降调，只是比较短，降调的调尾部分基频都没有记录。去声是个很高的升调，比阳平的升调要高。民和马场垣乡也是一位发音人，他的单音节字调也是 4 个调，阴平是个微升的平调，阳平是一个升调，上声是个高降调，去声是凸降调。这两个点的调形走向完全不一样，把他们放到一起，只是因为他们的共同之处在于都有 4 种调形。

　　第三类是西宁片，共有 25 位发音人，以村为点，包括循化、大通、门源、互助、化隆、湟源、湟中、祁连、乌兰、兴海、都兰等县乡 22 个点的单音节字调格局。他们的声调格局都很整齐，基本都是阴上归入阴平，是一个平调，去声归入阳平，是一个升调。循化县有一位发音人，她高中就离开循化去外地上学，她的去声可能受到了转入地方言的影响，变成降调。循化县另外的三名发音人的去声都归入了阳平。循化县有一位发音人从小大多数情况都说撒拉语，她虽然汉语方言说得不太好，但是也形成了很整齐的两个单字调的声调格局（如图 3–1）。也就是说，西宁片已经在单音节字调上形成了非常整齐的二声调格局。

　　最后，以西宁为调查点的 31 位发音人的入声字的归并都很整齐，阴入、次浊入都归入阴平，阳入归入阳平，这也非常符合中原官话的特点。

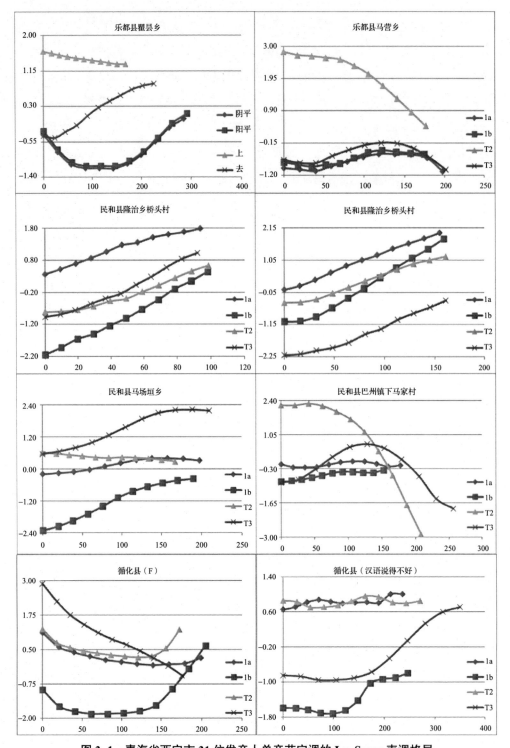

图 3-1 青海省西宁市 31 位发音人单音节字调的 Lz-Score 声调格局

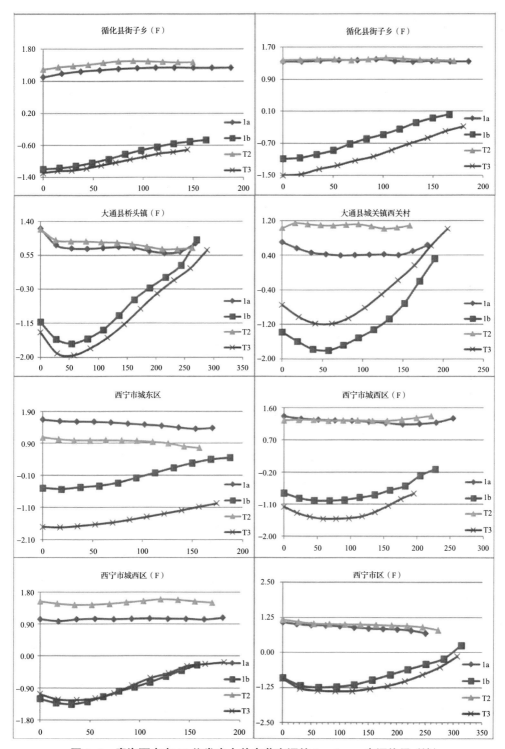

图 3-1 青海西宁市 31 位发音人单音节字调的 Lz-Score 声调格局（续）

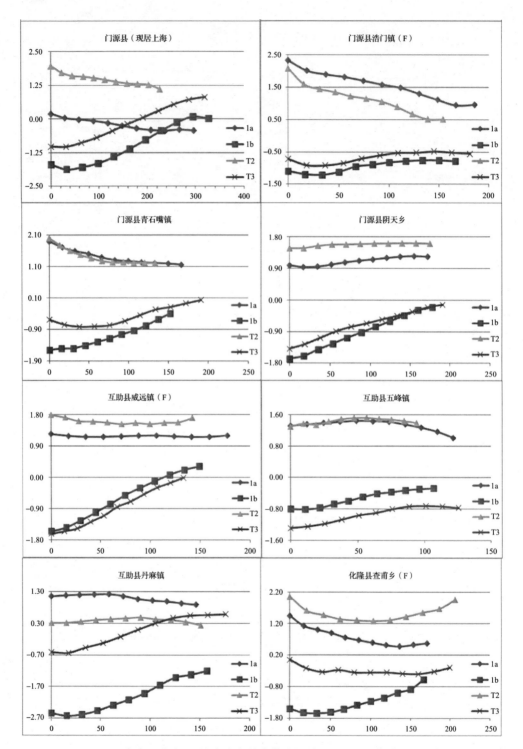

图 3–1 青海西宁市 31 位发音人单音节字调的 Lz–Score 声调格局（续）

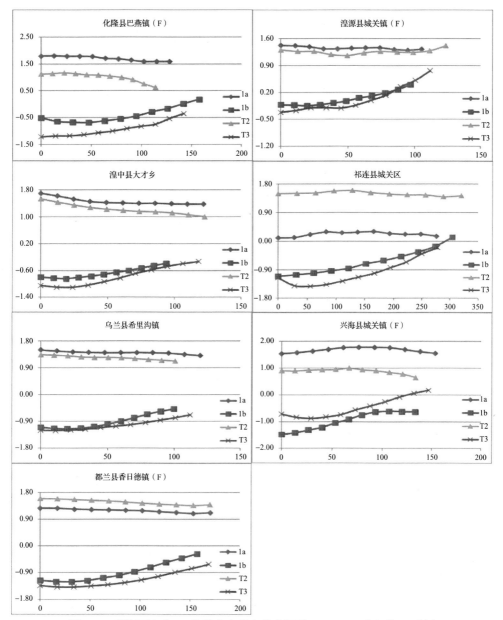

图 3-1　青海西宁市 31 位发音人单音节字调的 Lz-Score 声调格局（续）

注：F 指女性，未标字母的表示男性，余同

第二节　宁夏银川

以宁夏银川市为中心共调查了 49 位发音人，以镇为单位，共有 37 个方言

点（见表3-2）。每个点有1～5位发音人。其中48位发音人的录音材料做了数据处理，另外一人的数据因为录音环境的问题，没有办法提取，只能做听辨参考。我们在分析银川的单音节字调时，还是要引入"纯低调"这个概念。根据对48位发音人材料的整理，所有的次方言点被分为3个小类：一类是阴平为纯低调调型，一类是去声为纯低调调型，还有一类没有纯低调。在此要简要解释一下"纯低调"的概念。"纯低调"概念的确立是建立声调类型研究的首要条件（朱晓农2012:1–16；2014:193–205；朱晓农、章婷、衣莉2012:420–436）。在针对凹调的类型研究中，朱晓农、章婷和衣莉（2012:420–436）首次提出"纯低调"的概念。这个调型的声调调值和拱形（contour）在区别语言意义，或者说在调位层面上不起作用，真正起区别作用的是一个"低"的抽象概念，声调的轨道走向在形成对立时，不具有首要的语言学意义。更准确地说，纯低调是指"低于明确调形的声调"。另外，纯低调在具体的实现过程中，会有多于一种方式来表现"低"这个目标。它可以由低的基频来实现，也可以由发声态来形成，如实现在低域中的嘎裂声。有时候它也会出现在中域，由低调调形来实现。具体到宁夏境内的方言点，嘎裂凹调、低降、低凹、低升等都是"纯低调"的具体实现。

第一类的方言点包括固原市泾源县大湾乡、固原市泾源县香水镇、固原市彭阳县城关、固原市彭阳县草庙乡、固原市隆德县城关、固原市隆德县沙塘镇、中卫市海原县海城镇、固原市海原县海城镇、固原市原州区、固原市原州区三营镇、固原市彭阳县王洼镇、固原市隆德县城关镇、固原市西吉县下堡乡、固原市西吉县将台乡、固原市西吉县火石寨乡、固原市西吉县龙王坝村、中卫市海原县城关、中卫市海原县树台乡、中卫市海原县黑城镇、吴忠市同心县下马关镇、吴忠市同心县城关20个点。这一类的阴平都是"纯低调"，具体的调形表现为嘎裂凹、低凹、低降、凹升、两折和低升。阳平调形的分化将这一大类又分为两个小类。第一小类的阳平都是升调调形，与阴平形成明显的对立，调类都呈现出四个单音节字调的模式，包括固原市泾源县大湾乡、固原市泾源县香水镇、固原市彭阳县城关、固原市彭阳县草庙乡、固原市隆德县城关、固原市隆德县沙塘镇、中卫市海原县海城镇。第二小类的阳平与阴平合并，包括固原市隆德县沙塘镇、中卫市海原县海城镇、固原市海原县海城镇、固原市

表 3-2　以宁夏银川市为中心的 48 位发音人的单音字调的声调描写

方言片	市	县/镇	1a	1b	2a	2b	T3	4a	4b
中原关中	固原市	泾源县/大湾乡	嘎裂凹	升	降	>2a+T3	平	>1a	>1b
中原关中	固原市	泾源县/香水镇	低降	升	降	>2a+T3	平	>1a	>1b
中原秦陇	固原市	彭阳县/城关镇	低降	升	降	>2a+T3	平	>1a	>1b
中原秦陇	固原市	彭阳县/城阳镇	凹升	升	降	>2a+T3	平	>1a	>1b
中原秦陇	固原市	彭阳县/草庙乡	凹升	升	降	>2a+T3	平	>1a	>1b
中原陇中	固原市	隆德县/城关镇	低凹	升	降	>2a+T3	平	>1a	>1b
中原陇中	固原市	隆德县/沙塘镇	平	升	高降	>2a+T3	低降	>1a	>1b
中原陇中	中卫市	海原县/海城镇	低升	升	降	>2a+T3	平	>1a	>1a
中原陇中	中卫市	海原县/海城镇	凹升	>1a	降	>2a+T3	平	>1a	>1b
中原陇中	固原市	原州区	凹升	>1a	降	>2a+T3	平	>1a	>1b
中原秦陇	固原市	原州区	两折	>1a	高降	>2a+T3	低降	>1a	>1b
中原秦陇	固原市	原州区	凹升	>1a	降	>2a+T3	平	>1a	>1b
中原秦陇	固原市	原州区	两折	>1a	降	>2a+T3	平	>1a	>1b
中原秦陇	固原市	原州区/三营镇	凹升	>1a	降	>2a+T3	平	>1a	>1b
中原秦陇	固原市	原州区/三营镇	凹升	>1a	降	>2a+T3	平	>1a	>1b
中原秦陇	固原市	彭阳县/王洼镇	凹升	>1a	降	>2a+T3	平	>1a	>1b
中原陇中	固原市	隆德县/城关镇	凹升	>1a	降	>2a+T3	平	>1a	>1b
中原陇中	固原市	隆德县/沙塘镇	凹升	>1a	降	>2a+T3	平	>1a	>1a

续表

方言片	市	县/镇	1a	1b	2a	2b	T3	4a	4b
中原陇中	固原市	西吉县/下堡乡	凹升	>1a	降	>2a+T3	平	>1a	>1b
中原陇中	固原市	西吉县/将台乡	凹升	>1a	降	>2a+T3	平	>1a	>1b
中原陇中	固原市	西吉县/火石寨乡	两折	>1a	降	>2a+T3	平	>1a	>1b
中原陇中	固原市	西吉县/龙王坝村	低凹	>1a	降	>2a+T3	平	>1a	>1b
中原陇中	固原市	海原县/城关镇	凹升	>1a	降	>2a+T3	平	>1a	>1a
中原陇中	固原市	海原县/树台乡	凹升	>1a	降	>2a+T3	平	>1a	>1b+T3
中原陇中	中卫市	海原县/黑城镇	凹升	>1a	降	>2a+T3	平	>1a	>1b
兰银银吴	吴忠市	同心县/下马关镇	凹升	>1a	降	>2a+T3	平	>1a	>1b
兰银银吴	吴忠市	同心县/城关镇	升	升	高降	>2a+T3	低降	>1a	>1b
兰银银吴	吴忠市	红寺堡	降	升	>1a	>2a+T3	>1b	T3	T3
中原陇中	中卫市	海原县/嵩川乡	降	两折	>1a	>2a+T3	>1b	>1a	>1b
中原陇中	中卫市	海原县/西安镇	两折	>1a	降	>2a+T3	>1a	>T3+1a	>1b
中原陇中	中卫市	海原县/关桥乡	升	>1a	降	>2a+T3	>1a	>1a	>1a
中原陇中	中卫市	海原县/海城镇	平	升	降	>2a+T3	>1b	>T3	>T3
中原陇中	中卫市	海原县/海城镇	平	升	降	>2a+T3	>1b	>T3	>T3
兰银银吴	吴忠市	盐池县/王乐井乡	平	升	降	>2a+T3	>1b	>T3+1a	>T3
兰银银吴	吴忠市	同心县/豫海镇	平	降	>1b	>2a+T3	凹升	>T3	>T3

续表

方言片	市	县/镇	1a	1b	2a	2b	T3	4a	4b
兰银银吴	吴忠市	同心县/豫海镇	平	降	>1b	>2a+T3	凹升	>T3	>T3
兰银银吴	吴忠市	同心县/石狮镇	平	降	>1b	>2a+T3	凹升	>T3	>T3
兰银银吴	吴忠市	同心县/河西镇	平	降	>1b	>2a+T3	凹升	>T3	>T3
兰银银吴	中卫市	沙坡头	平	降	>1b	>2a+T3	凹	>T3+1a	>1b+T3
兰银银吴	中卫市	沙坡头	平	降	>1b	>2a+T3	凹	>T3+1a	>1b+T3
兰银银吴	中卫市	沙坡头	平	降	>1b	>2a+T3	凹	>T3+1a	>1b+T3
兰银银吴	中宁市	中宁县/宁安镇	平	降	>1b	>2a+T3	凹	>T3+1a	>1b+T3
兰银银吴	青铜峡市	市区	平	降	>1b	>2a+T3	凹	>T3+1a	>1b+T3
兰银银吴	石嘴山市	市区	平	降	>1b	>2a+T3	凹	>T3	>1b+T3
兰银银吴	石嘴山市	平罗县/丁塘镇	平	降	>1b	>2a+T3	凹升	>T3	>T3
兰银银吴	吴忠市	同心县/丁塘镇	平	升	>1b	>2a+T3	降	>1a	>1b
兰银银吴	银川市	城关区	平	降	>1b	>2a+T3	升	三声	三声

原州区、固原市原州区三营镇、固原市彭阳县王洼镇、固原市隆德县城关镇、固原市西吉县下堡乡、固原市西吉县将台乡、固原市西吉县火石寨乡、固原市西吉县龙王坝村、中卫市海原县城关、中卫市海原县树台乡、中卫市海原县黑城镇、吴忠市同心县下马关镇、吴忠市同心县城关。阴上都为降调，次浊上和去声是以平调为主。固原市原州区发音人、隆德县沙塘镇马河村的发音人，以及吴忠市同心县城关的发音人将去声发为低降调，与阴上形成高降与低降的对立。大多数方言点的入声都是阴入归入阴平，阳入归入阳平。固原市隆德县沙塘镇一位发音人、中卫市海原县城关和中卫市海原县海城镇的一位发音人的阳入字也归并进阴平。尽管吴忠市同心县被划为兰银官话银吴片，但是这里录制的两位发音人的入声字的归并却和中原官话一致。

第二类的方言点包括吴忠市红寺堡、中卫市海原县蒿川乡、中卫市海原县西安镇、中卫市海原县关桥乡、中卫市海原县海城镇、吴忠市盐池县王乐井乡、吴忠市同心县豫海镇、吴忠市同心县石狮镇、吴忠市同心县河西镇、中卫市沙坡头区、中卫市中宁县城关、中卫市中宁县宁安镇、青铜峡市区、石嘴山市区、石嘴山平罗县城关15个方言点。其中，吴忠市红寺堡区、中卫市海原县蒿川乡、中卫市海原县西安镇、中卫市海原县关桥乡又自成一个小类，形成了二声调的单字调格局。吴忠市红寺堡区和中卫市海原县蒿川乡的阴平与阴上合为一个降调，阳平与去声合并，形成一个纯低调；而中卫市海原县西安镇和中卫市海原县关桥乡的阴平、阳平和去声都合并为纯低调，只有阴上是高降调。这四个点可以看作是第一大类向第二大类的一个过渡带。除此之外的其他11个点的阴平都是平调调形，阴上都为降调。除了中卫市海原县海城镇和吴忠市盐池县王乐井村的阳平是升调，其他都是降调，与阴上趋向合并。中卫市海原县关桥乡和蒿川乡的入声字归入了阴平，其他点的入声字都呈现出兰银官话的特点，并入去声。

第三类只有两个点，将他们归入一类并不是说他们有什么共同之处，主要是因为他们不能合并到上述的任何一类当中。他们的上声与阳平都呈现出合并或者趋同的走向。吴忠市同心县丁塘镇的发音人入声字的归并与中原官话一样，阴阳入分别并入阴阳平，而银川市的入声并入三声。具体情况如图3-2所示。

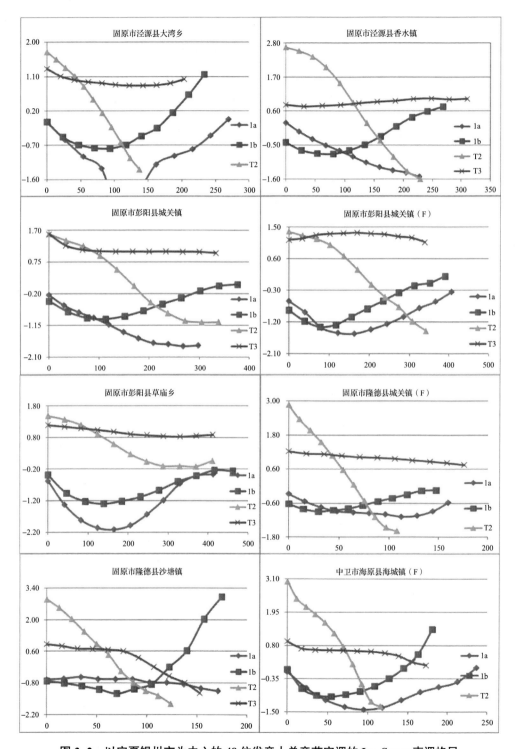

图 3-2　以宁夏银川市为中心的 48 位发音人单音节字调的 Lz-Score 声调格局

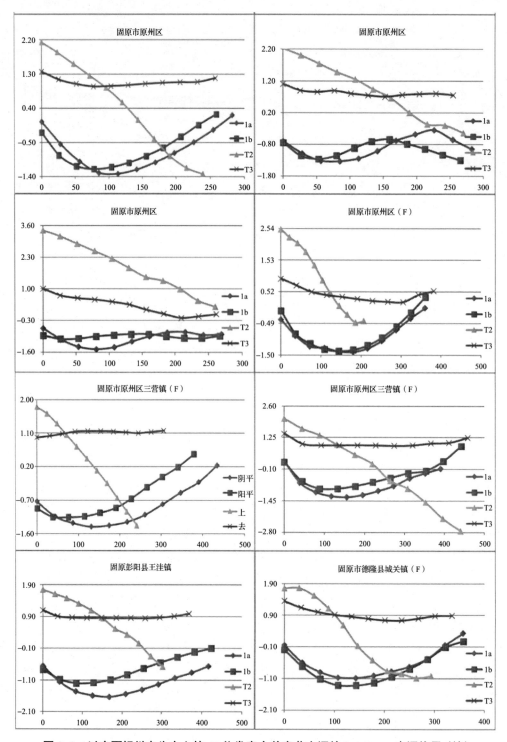

图 3-2　以宁夏银川市为中心的 48 位发音人单音节字调的 Lz-Score 声调格局（续）

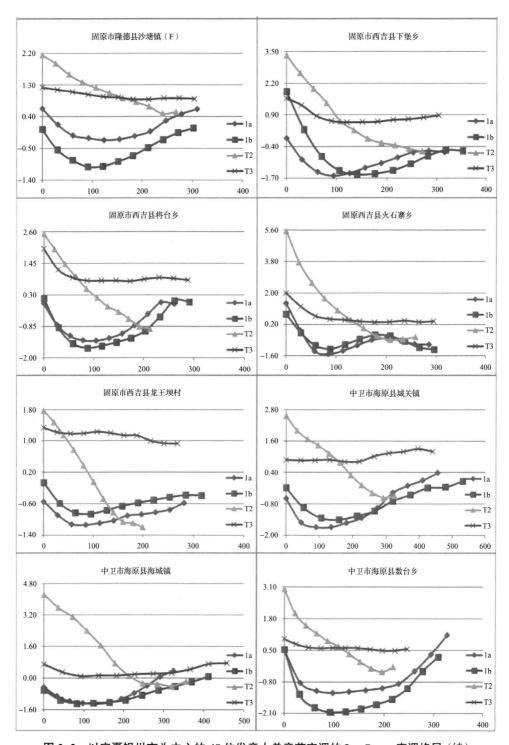

图 3-2　以宁夏银川市为中心的 48 位发音人单音节字调的 Lz-Score 声调格局（续）

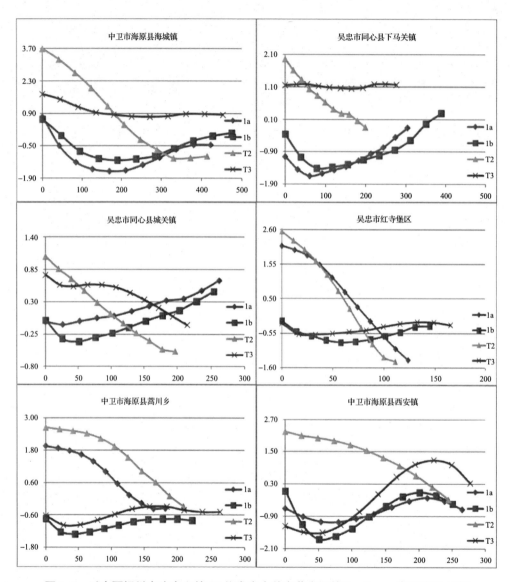

图 3-2　以宁夏银川市为中心的 48 位发音人单音节字调的 Lz-Score 声调格局（续）

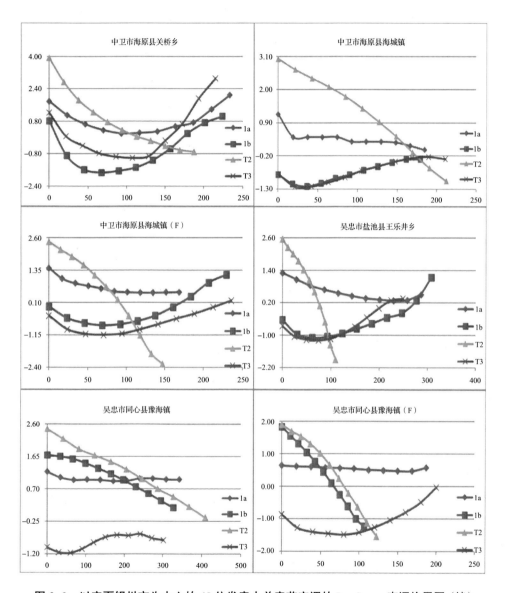

图 3-3 以宁夏银川市为中心的 48 位发音人单音节字调的 Lz-Score 声调格局图（续）

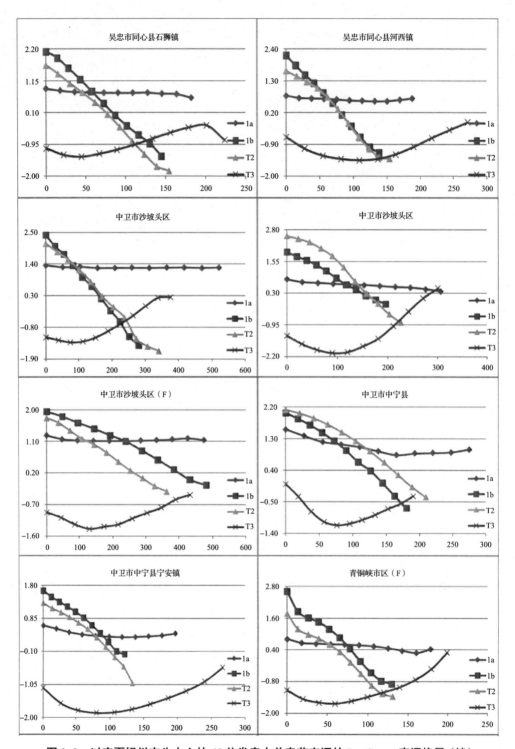

图 3-2 以宁夏银川市为中心的 48 位发音人单音节字调的 Lz-Score 声调格局（续）

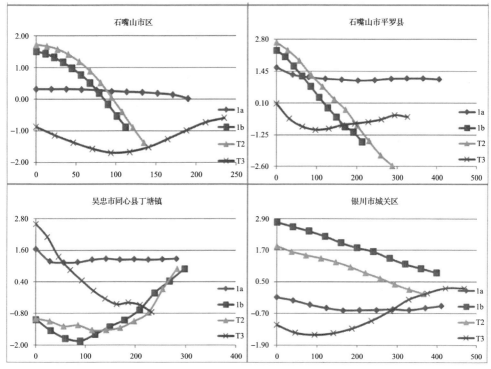

图 3-2 以宁夏银川市为中心的 48 位发音人单音节字调的 Lz-Score 声调格局（续）

第三节 新疆昌吉

在新疆昌吉市共有 10 位发音人，其中石河子市、克拉玛依市、阿克苏市、伊犁哈萨克自治州的发音人都是北京官话，本书不做讨论。另外，因为录音环境的问题，一位老沙湾发音人的声音数据无法识别并提取基频，所以，此处只有 4 位发音人的 Lz-Score 声调归一图（如图 3-3），分别是昌吉木垒县、昌吉奇台县、昌吉市区和哈密市区的发音人材料（见表 3-3）。

表 3-3 新疆昌吉市 4 位发音人的单音节字调的声调描写

方言片	市	县/镇	1a	1b	2a	2b	T3	4a	4b
兰银北疆	昌吉	奇台县/古城乡	平	降	>1b	>2a+T3	嘎裂凹	>T3	>T3+1b
兰银北疆	昌吉	木垒县	平	降	>1b	>2a+T3	凹	—	—
兰银北疆	昌吉	市区	两折	>1a	降	>2a+T3	平	>1a	>T3+1b
兰银北疆	哈密	市区	平	降	>1b	>2a+T3	凹	—	—

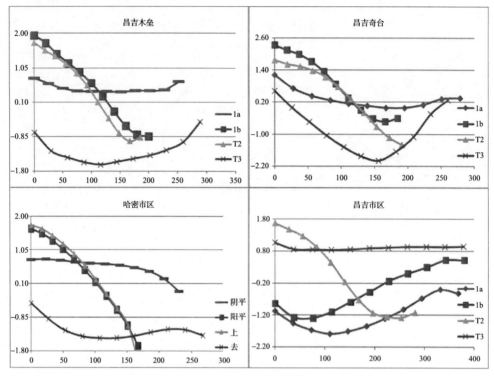

图 3-3　新疆昌吉市 4 位发音人单音节字调的 Lz-Score 声调格局

　　昌吉奇台县、昌吉木垒县和哈密市发音人的上声与阳平都合并为一个降调，阴平为平调，去声为凹调或嘎裂凹调。昌吉市区的发音人阴平和阳平合并为一个两折调，上声为降调，去声为平调。无论怎样合并，都会形成一个平—降—凹的声调格局。

第四节　甘肃临夏

　　以甘肃省临夏市为中心的调查点以村为单位，共有 16 个方言点，28 位发音人（见表 3-4）。临夏市紧邻青海省，属于中原陇中官话。针对 28 位发音人的语音数据，经过处理，有 26 位发音人的声调数据被提取出来（因为录音环境不好，另外两位发音人的数据只能听辨，无法进行基频数据提取）。他们的单音节字调格局分为三类：四个单音节字调、两个单音节字调和三个单音节字调。所有发音人的共同之处是阴入和阳入都并入了阴平。

表 3-4 以甘肃省临夏市为中心的 26 位发音人的单音节字调的声调描写

方言片	市/县	乡镇/村	T1a	T1b	T2a	T2b	T3	T4a	T4b
中原陇中	临夏市	临夏县/莲花镇	平	两折	两折+微降	两折+平	降	>1a	>1a
中原陇中	永靖县	三垣镇/刘家垣村	平	两折	凹	凹+降	降	>1a	>1a
中原陇中	临夏市	临夏县/马家堡	两折	>1a	降	>2a	>2a	>1a	>1a
中原陇中	临夏市	临夏县/马家庄	两折	>1a	降	>2a	>2a	>1a	>1a
中原陇中	临夏市	八坊	两折	>1a	降	>2a	>2a	>1a	>1a
中原陇中	永靖县	刘家峡镇/罗川村	两折	>1a	>1a	两折+降	降	>1a	>1a
中原陇中	永靖县	西河镇/白川村	凹升	>1a	>1a	凹升+降	降	>1a	>1a
中原陇中	永靖县	岘垣镇	凹升	>1a	>1a	凹升+降	降	>1a	>1a
中原陇中	永靖县	盐锅峡镇/福子川村	凹升	>1a	>1a	凹升+降	降	>1a	>1a
中原陇中	临夏市	临夏县/王闵家镇	两折	>1a	两折+降	降+两折	降	>1a	>1a
中原陇中	临夏市	—	两折	>1a	低降	低降+高降	高降	>1a	>1a
中原陇中	临夏市	—	两折	>1a	低降	低降+高降	高降	>1a	>1a
中原陇中	临夏市	—	两折	>1a	低降	低降+高降	高降	>1a	>1a
中原陇中	临夏市	—	两折	>1a	低降	低降+高降	高降	>1a	>1a
中原陇中	临夏市	—	两折	>1a	低降	低降+高降	高降	>1a	>1a
中原陇中	临夏市	—	两折	>1a	低降	低降+高降	高降	>1a	>1a
中原陇中	临夏市	—	两折	>1a	低降	低降+高降	高降	>1a	>1a

续表

方言片	市/县	乡镇/村	T1a	T1b	T2a	T2b	T3	T4a	T4b
中原陇中	永靖县	刘家峡镇/城关	两折	>1a	降	降+两折	平降尾	>1a	>1a
中原陇中	永靖县	刘家峡镇/城关	凹	>1a	降	两折降	两折降	>1a	>1a
中原陇中	永靖县	刘家峡镇/大庄村	升	>1a	降	降+平	平	>1a	>1a
中原陇中	永靖县	刘家峡镇/下古城村	两折	>1a	降	降+平	平	>1a	>1a
中原陇中	永靖县	太极镇/大川村	凹	>1a	降	降+平	平	>1a	>1a
中原陇中	永靖县	太极镇/大川村	凹	>1a	降	降+平	平	>1a	>1a
中原陇中	永靖县	盐锅峡镇/上铨村	凹	>1a	降	降+凹	两折反	>1a	>1a
中原陇中	永靖县	盐锅峡镇/上铨村	升	>1a	降	降+平	平	>1a	>1a

在针对这三个大类讨论之前，还有一个需要说明的点，即除了临夏县莲花镇和永靖县三垣镇刘家垣村的两位发音人，其他所有发音人的阴平和阳平都已经合并为一个调。这两位发音人的阴平是平调调形，阳平是一个两折调的调形。

第一类是四个单音节字调，方言点有两处，即临夏市临夏县莲花镇和永靖县三垣镇，这一类的平声没有合并，阴平是平调调形，阳平是两折调，去声都是一个比较高的降调。临夏市临夏县莲花镇的上声有一部分字与阳平合并，另一部分字是个微降的平调，永靖县三垣镇刘家垣村发音人的阴上和次浊上是个凹调，实际上是一个纯低调，就是一个不以调形走向为主要区别特征的调型。

第二类是两个单音节字调，方言点有七处。他们又分为两个小类：临夏市临夏县马家堡、临夏市马家庄和临夏市八坊的发音人是阴平和阳平合为一个调，调形为两折调；上声和去声合为一个调，调形为降调。另一类是永靖县刘家峡镇罗川村、永靖县西河镇白川村、永靖县岘垣镇城关和永靖县盐锅峡镇福子川村，这一类的阴平、阳平、阴上和次浊上合并为一个调，调型为凹调，有两折调和凹升的两种调形变体，阳上和去声合为一个调，调型为降调。这一类声调格局的特点就是凹调 VS 高降调，换句话说，就是一个高调（高降）和一个低调（凹调）的对立。这样的对立与西宁两个单音节字调格局有相似之处。

第三类是三个单音节字调，方言点有七处。大致分为三个小类：第一类是临夏市王闵家，其声调格局是一个过渡点，它的阴平和阳平已经合并。阴上字分出两个调：一个调是降调，与去声合并，另一个自成一调，是个两折调。另外两类根据六个点去声的调形进行划分：临夏市市区（8 个发音人）自成一类。阴平阳平合并，为两折调，阴上和次浊上为低降，阳上和去声为高降；永靖县刘家峡镇城关、刘家峡镇大庄村、刘家峡镇下古城村、永靖县太极镇大川村和永靖县盐锅峡镇上铨村为第三类，阴平阳平合并，为凹调，阴上、次浊上是个降调，阳上和去声是平调。其中，永靖县城关两个发音人的调形变体处于过渡带。去声在平调与降调之间，或者表现为平降尾，或者表现为两折降。这里值得一提的是临夏市市区的阴上与去声的高低降调对立非常像兰州话早期的阴平与阳平的高低降调的对立，有时候这两个降调的高低会出现交错的情况，并不绝对是去声高降，阴上低降。这种情况很可能会有两种发展的趋势，一是某一个降调可能会变成平调（如兰州话），还有一个可能是两个降调合并，如临夏市马家堡和临夏市八坊的话。具体情况如图 3-4 所示。

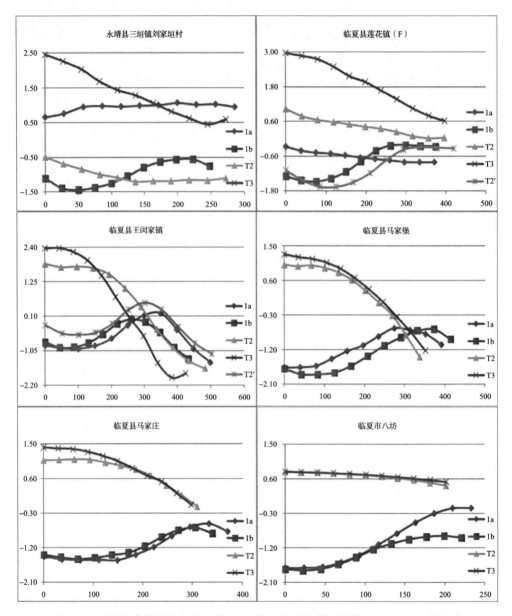

图3-4 以甘肃省临夏市为中心的26位发音人单音节字调的Lz-Score声调格局

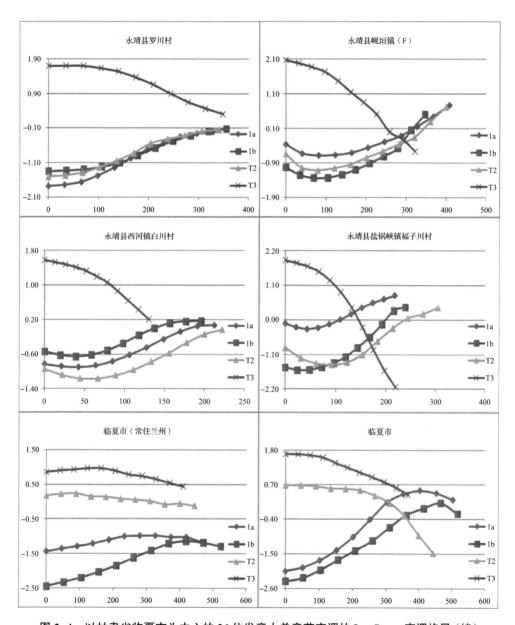

图 3–4　以甘肃省临夏市为中心的 26 位发音人单音节字调的 Lz–Score 声调格局（续）

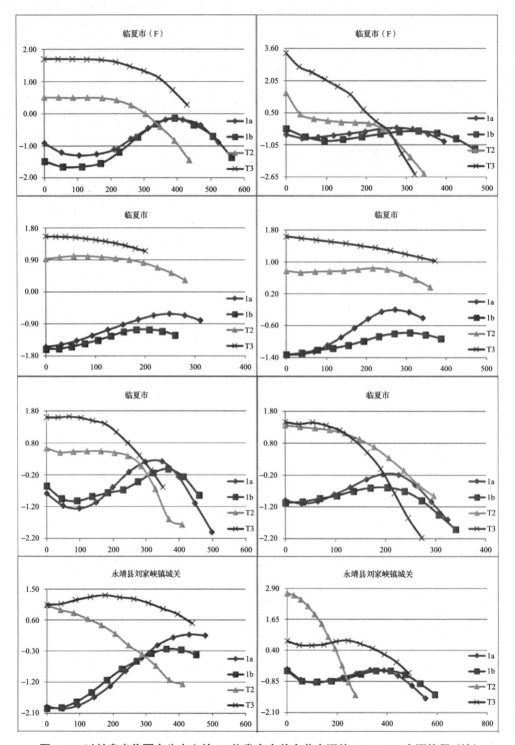

图 3-4 以甘肃省临夏市为中心的 26 位发音人单音节字调的 Lz-Score 声调格局（续）

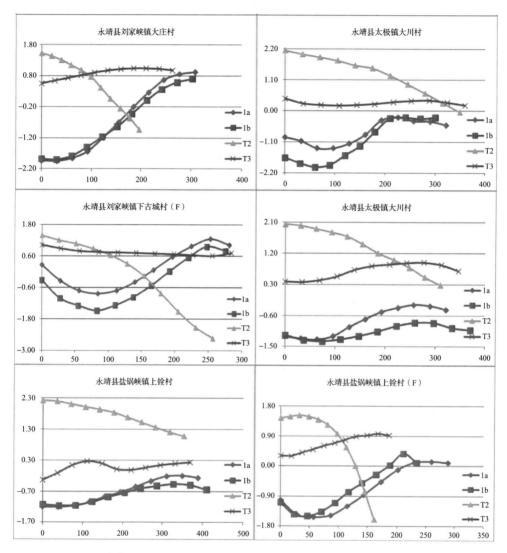

图 3-4　以甘肃省临夏市为中心的 26 位发音人单音节字调的 Lz-Score 声调格局（续）

第五节　甘肃天水

以甘肃省天水市为调查中心的方言点主要属于中原秦陇和中原陇中官话，包括白银、定西、陇南、平凉、庆阳、天水、武威等地区的 24 位发音人的声调格局（见表 3-5）。之所以将他们放到一节，一是他们都属于中原官话，二是他们的声调格局相比较甘肃其他几个点的格局都要简单清晰一些。

表3-5 以甘肃省天水市为中心的24位发音人的单音节字调的声调描写

方言点	市	县/乡镇/村	1a	1b	2a	2b	T3	4a	4b
中原秦陇	陇南	文县/堡子坝乡	降	升	平	>2a+T3	>1b	>1a	>1b
中原秦陇	白银	靖远县/乌兰镇	降	升	平	>2a+T3	>1b	>1a	>1a+1b
兰银金城	白银	平川区/水泉镇	降	两折	平	>2a+T3	>1b	>1a	>1a+1b
中原陇中	白银	会宁县	凹	>1a	降	>2a+T3	平	>1a	>1a
中原陇中	武威	庄浪县/大庄乡	凹升	>1a	降	>2a+T3	平	>1a	>1a
中原陇中	平凉	静宁县/余湾乡	凹升	>1a	降	>2a+T3	平	>1a	>1a
中原陇中	定西	临洮县/站滩乡	凹升	>1a	降	>2a+T3	平	>1a	>1a
中原陇中	定西	通渭县/华家岭	凹升	>1a	降	>2a+T3	平	>1a	>1a
中原陇中	定西	渭源县/汇川镇	凹升	>1a	降	>2a+T3	平	>1a	>1a
中原陇中	天水	秦安县/兴国镇	凹升	>1a	降	>2a+T3	平	>1a	>1a
中原陇中	天水	清水县/永清镇	凹升	>1a	降	>2a+T3	平	>1a	>1a
中原陇中	天水	秦安县/云山乡	两折	>1a	降	>2a+T3	平	>1a	>1a
中原秦陇	天水	甘谷县/大庄乡	嘎裂凹	凹升	凸降	>2a+T3	低降	>1a	>1a+1b
中原陇中	天水	武山县/洛门镇	嘎裂降	凹升	凸降	>2a+T3	低平	>1a	>1b
中原秦陇	定西	陇西县/文峰镇	嘎裂降	凹升	凸降	>2a+T3	低平	>1a	>1a
中原秦陇	定西	陇西县/福星镇	嘎裂降	凹升	降	>2a+T3	低降	>1a	>1a+1b
中原秦陇	陇南	两当县/城关镇	嘎裂降	凹升	降	>2a+T3	低降	>1a	>1a+1b
中原秦陇	陇南	礼县/洮坪乡	嘎裂降	凹升	降	>2a+T3	平	>1a	>1a+1b

续表

方言点	市	县/乡镇/村	1a	1b	2a	2b	T3	4a	4b
中原秦陇	平凉	泾川县/城关	嘎裂降	凹升	降	>2a+T3	平	>1a	>1a+1b
中原秦陇	庆阳	庆城县/蔡口集乡	嘎裂降	凹升	降	>2a+T3	低平	>1a	>1a+1b
中原秦陇	庆阳	环县/罗山川乡	降	升	降	>2a+T3	低平	>1a	>1a+1b
中原关中	庆阳	宁县/新庄镇	降	两折	>1b	降	平	>1a	>1b
中原秦陇	白银	景泰县/龙湾村	平	降	>1a	>2a+T3	凹	>1a	>1b
中原陇中	白银	会宁县/会师镇	两折	>1a	平	>2a+T3	降	>1a	>1a

这 24 位发音人的声调格局基本可以分为四类。

第一类包括陇南市文县、白银市靖远县和白银市平川区水泉镇。这一类的去声与阳平声调合并，为升调调形或者两折调调形。阴平都为降调，上声为平调。阴入归入阴平，阳入归入阳平或者归入平调。

第二类包括白银市会宁县❶、武威市庄浪县大庄乡（武威市大部分地区都是兰银官话，庄浪县属于中原陇中官话区）、平凉市静宁县余湾乡、定西市临洮县站滩乡、定西市通渭县华家岭、定西市渭源县汇川镇、天水市秦安县兴国镇、天水市清水县永清镇、天水市秦安县云山乡这 9 个点。他们都是三个单字调的声调格局，阴平与阳平合并，调形或者为凹，或者为凹升，或者为两折调，都是处于凹调变体的连续统上面。上声为降调，去声为平调。阴入与阳入都并入阴平。

第三类是四个单字调的声调格局，包括天水市甘谷县大庄乡、天水市武山县洛门镇、定西市陇西县文峰镇、定西市陇西县福星镇、陇南市两当县城关、陇南市礼县洮坪乡、平凉市泾川县城关、庆阳市庆城县蔡口集乡，共 8 个点。他们的阴平都为纯低调，表现为嘎裂凹或者嘎裂降调，阳平为凹升调。上声降调，去声平调。阴入并入阴平，阳入并入平调。

第四类包括四个点，其实这四个点的声调格局各有自己的特点，他们之间并没有共性。所以放到一起，是这几个点都分别自成一派，无法将他们归入其他的类别之中。庆阳环县罗山川乡有四个调，阴平和上声都是降调，但是并没有合并，上声的降调更高、更短，阳平为升调，去声为低平。庆阳宁县新庄镇的阳平与上声合并，为两折调调形，阴平为降调，去声为平调。白银景泰龙湾村的上声与阴平合并，为平调，阳平为降调，去声为凹调。白银会宁县会师镇的发音人阴平与阳平合并，上声为平调，去声为降调。他们四个点的阴入都归入阴平，阳入或者归入阴平（会宁县）、或者归入阳平（宁夏、景泰县）或者并入平调（环县）。具体情况如图 3-5 所示。

---

❶ 这位发音人具体的乡镇信息缺失，是因为调查时间匆忙，发音人不耐烦，这是一个遗憾。

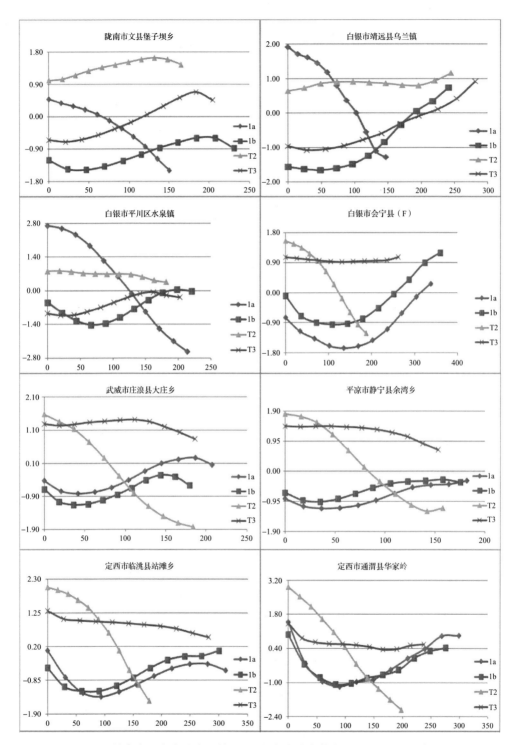

图 3-5　以甘肃省天水市为中心的 24 位发音人单音节字调的 Lz-Score 声调格局

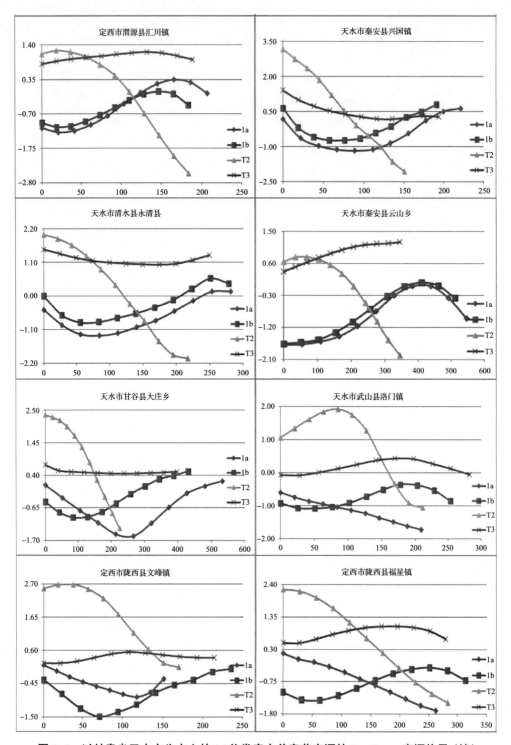

图3-5 以甘肃省天水市为中心的24位发音人单音节字调的 Lz-Score 声调格局（续）

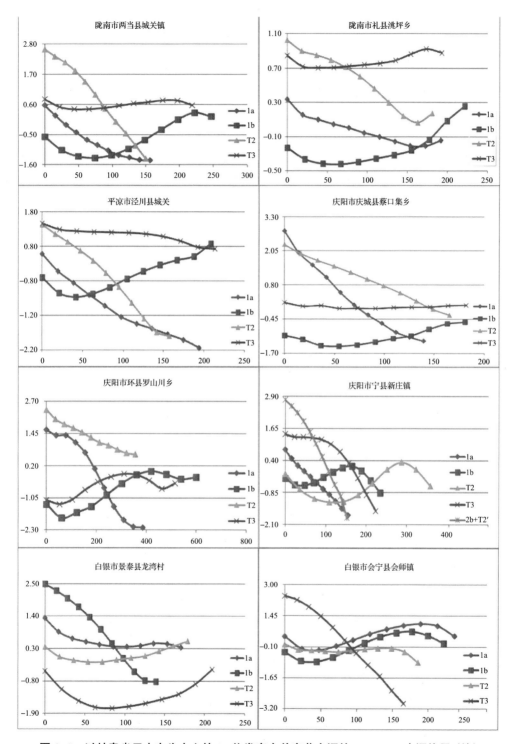

图 3-5　以甘肃省天水市为中心的 24 位发音人单音节字调的 Lz-Score 声调格局（续）

第六节　甘肃酒泉

以甘肃省酒泉市为中心，共调查了 39 位发音人，包括酒泉、武威、张掖等地区的 30 个方言点（见表 3-6）。根据方言地图的划分，在酒泉所调查的所有方言点都属于兰银河西方言片。以天水为中心的调查点也有一个点属于武威地区，但是武威庄浪县属于中原官话，这里调查到的武威民勤县属于兰银河西官话。所以，虽然他们行政区划是一样的，但是方言划分不同，因此放到两处分析。以上 30 个方言点基本做到每个点最少 1 人，最多 5 人。其中有 1 人的发音材料只能听辨，无法提取数据。

这 26 个点有一个非常值得谈的问题就是去声的调型。笔者根据去声的调型，将这 26 个方言点分为两大类：一类去声为纯低调，一类为降调。

第一类包括酒泉市肃州总寨镇双闸村和双明村、酒泉市金塔县岌岌乡、酒泉市鼎新镇头分村和新民村、酒泉市肃州西峰乡、酒泉市肃州清水镇西湾村、酒泉市肃州区城关、酒泉市肃州区上坝镇上坝村、酒泉市瓜州县环城乡、武威市天祝县打柴沟、武威市古浪县谷丰乡、张掖市高台罗城乡盐池村、张掖市高台南华乡南寨子、张掖市临泽县城关、张掖市肃南县城关和玉门市赤金镇西湖村 17 个点。这一类阴平都是平调调形，阳平和阴上是降调，除了肃州区总寨镇双闸村和总寨镇双明村的两个发音人，其他几个点的阳平都是缓降，调尾相对比较高，虽然有的点阳平看起来要比阴上高，但是相对调头来说，阳平的调尾与调头的绝对差值并不大，所以听上去更像是一个低降调，或者称为一个缓降调。阴上都是直降，相比较阳平的降调来说，阴上的调头和调尾的绝对差值要大，听感上就会显得更高，调长也比较短，是一个短直降。二者是形成语义对立的。次浊上与阴上一致，阳上与去声合并。入声的归并有些不同，鼎新镇头分村、鼎新镇新民村和天祝县打柴沟的阳入字派入三声，其他点的阳入都是派入去声和阳平。阴入有的派入三声（肃州总寨镇双闸村、金塔县鼎新镇头分村、金塔县鼎新镇新民村、肃州区❶和肃州上坝镇上坝村）、有的并入去声（岌岌乡下莱村、肃州西峰乡、清水镇西湾村、瓜州环城乡中沟村、古浪县谷丰乡、临泽县城关、

---

❶　肃州区总共调查了四位发音人，其中一位是一个声调模式，另外三位是一个声调模式。

表3-6　以甘肃省酒泉市为中心的39个发音人的单音节字调的声调描写

方言片	市/县	乡镇/村	T1a	T1b	T2a	T2b	T3	T4a	T4b
兰银河西	酒泉市肃州区	总寨镇/双闸村	平	直降	平	>2a+T3	凹	三声	>T3+1b
兰银河西	酒泉市肃州区	总寨镇/双明村	平	直降	缓降	>2a+T3	嘎裂凹	>T3+1a	>T3+1b
兰银河西	酒泉市金塔县	芨芨乡/下芨村	平	缓降	直降	>2a+T3	凹	>T3	>T3+1b
兰银河西	酒泉市金塔县	芨芨乡/下芨村	平	缓降	直降	>2a+T3	凹	>T3	>T3+1b
兰银河西	酒泉市金塔县	鼎新镇/头分村	平	缓降	直降	>2a+T3	凹	三声	三声
兰银河西	酒泉市金塔县	鼎新镇/头分村	平	缓降	直降	>2a+T3	凹	三声	三声
兰银河西	酒泉市金塔县	鼎新镇/头分村	平	缓降	直降	>2a+T3	凹	三声	三声
兰银河西	酒泉市金塔县	鼎新镇/新民村	平	缓降	直降	>2a+T3	凹	三声	三声
兰银河西	酒泉市肃州区	西峰乡	平	缓降	直降	>2a+T3	凹	>T3	>T3+1b
兰银河西	酒泉市肃州区	清水镇/西湾村	平	缓降	直降	>2a+T3	凹	>T3	>T3+1b
兰银河西	酒泉市肃州区	清水镇/西湾村	平	缓降	直降	>2a+T3	凹	>T3	>T3+1b
兰银河西	酒泉市肃州区	—	平	缓降	直降	>2a+T3	嘎裂凹	三声	>T3+1b
兰银河西	酒泉市肃州区	上坝镇/上坝村	平	缓降	直降	>2a+T3	嘎裂凹	三分	>T3+1b
兰银河西	酒泉市瓜州县	环城乡/中沟村	平	缓降	直降	>2a+T3	凹	>T3	>T3+1b
兰银河西	武威市天祝县	打柴沟	平	缓降	直降	>2a+T3	凹	>T3+1a	三分
兰银河西	武威市古浪县	谷丰乡	平	缓降	直降	>2a+T3	凹	>T3	>T3+1b
兰银河西	张掖市高台	罗城乡/盐池村	平	缓降	直降	>2a+T3	降/凹升	>T3+1a	>T3+1b
兰银河西	张掖市高台	南华乡/南寨子	平	缓降	直降	>2a+T3	降/凹升	>T3+1a	>T3+1b
兰银河西	张掖市临泽县	城关	平	缓降	直降	>2a+T3	凹	>T3	>T3+1b
兰银河西	张掖市临泽县	城关	平	缓降	直降	>2a+T3	低降	>T3	>T3+1b

续表

方言片	市/县	乡镇/村	T1a	T1b	T2a	T2b	T3	T4a	T4b
兰银河西	酒泉市肃州区	一	平	缓降	直降	>2a+T3	低降	>T3	>T3
兰银河西	酒泉市肃州区	一	平	缓降	直降	>2a+T3	低降	>T3	>T3+1b
兰银河西	酒泉市肃州区	城关	平	缓降	直降	>2a+T3	嘎裂低降	>T3	>T3+1b
兰银河西	张掖市肃南县	城关	平	缓降	直降	>2a+T3	低降	>T3	>T3
兰银河西	玉门市	赤金镇/西湖村	平	缓降	两折	>2a+T3	直降/两折	>1a+2a	>T3+1b
兰银河西	酒泉市金塔县	金塔镇	平	凹升	嘎裂凹	>2a	降	>2a	>T3+1b
兰银河西	嘉峪关市	一	平	凹升	嘎裂凹	>2a	降	>2a	>T3+1b
兰银河西	武威市民勤县	泉山镇/中营村	平	升	凹	>2a+T3	降	>T3	>T3+1b
兰银河西	武威市民勤县	薛百乡/双楼村	平	升	两折	>2a+T3	降	>T3	>T3+1b
兰银河西	武威市凉州区	永昌镇/下源村	平	升	两折	>2a+T3	降	>T3	>T3+1b
兰银河西	金昌市永昌县	红山窑乡/姚家寨村	平	升	凹升	>2a+T3	降	>1a	>1b
兰银河西	酒泉市肃州区	下河清	平	高降	凹升	>2a+T3	低降	三声	>T3
兰银河西	酒泉市肃州区	清水镇/中寨	平	高降	两折	>2a+T3	低降	>2a	>T3
兰银河西	张掖市民乐县	顺化乡/上天乐村	平	高降	两折	>2a+T3	低降	>T3	>T3+1b
兰银河西	张掖市肃南县	大河乡/东岭村	平	高降	凹	>2a+T3	低降	>T3	>T3
兰银河西	张掖市肃南县	大河乡	平	高降	凹	>2a+T3	低降	>T3	>T3
兰银河西	张掖市肃南县	马蹄乡	平	高降	低降	>2a+T3	低降	>2a	>T3
兰银河西	张掖市肃南县	马蹄乡	平	高降	低降/凹	>2a+T3	低降	>T3	>T3
兰银河西	金昌市永昌县	河西堡	平/两折	两折	>1b	>2a+T3	降	>T3	>1b

肃州区 ❶ 和肃南县城关），有的并入去声和阴平（肃州区鼎新镇双明村、天祝县
打柴沟、高台罗城乡盐池村、高台南华乡南寨子）。还有一个点，玉门市赤金镇
西湖村的阴入并入阴平和阴上。这一类的共性是它们的去声都是一个纯低调的
调型，具体表现出的变体有低凹调、嘎裂凹调、嘎裂低降、低降、低凹升。不
管具体的调形是怎么样的，他们的共性是都处于声调格局中的低端，表现出的
声调目标也是以低为主体，如会有嘎裂、喉堵、气声这样的发声态出现。

　　肃州区总寨镇双闸村和总寨镇双明村在第一类中被分为一个小类。因为他
们两个点的阳平都更短促，调头和调尾的绝对差值更大。双明村的阴上是个缓
降，这与其他几个点更好相反，而双闸村的阴上更是不同，是个平调。这个缓
降到平调的过渡很像兰州话的阴平的变异。这有待进一步调查验证。

　　临泽县城关的一位发音人、酒泉市肃州区的三位发音人、张掖市肃南县城
关的一位发音人的声调格局又可以与与其他的几个点分开，分出一个小类。虽
然说这一大类的去声都是纯低调，但是他们还有细节的差别。其他各点的去声
调形是低凹调，或嘎裂凹调，这个小片的去声是低降和嘎裂降的调形。如上文
所述，纯低调调型不是最主要的调位特征，在语言学意义上它的区分点只有一
个，就是 [+ 低]，即采用不同的方式来表现这个 [+ 低] 的调位特征。由此来说，
低降的调形与低凹调的调形并不会形成交流上的障碍，这一点已经得到印证。
在我们调查的四名肃州城关的发音人中，有一位的去声是低凹调，另外三位的
去声是低降调。张掖市高台南华乡南寨子村的发音人自己的去声字就分为两个
变体，一个是低降，一个是低凹。

　　第二类的调查点有酒泉市金塔县金塔镇、嘉峪关市、武威市民勤县泉山镇
中营村和民勤县薛百乡双楼村、武威市凉州区永昌镇下源村、金昌市永昌县红山
窑乡姚家寨村、酒泉市肃州区清水镇中寨和肃州区下河清、张掖市民乐县顺化乡
上天乐村、张掖市肃南县大河乡东岭村、张掖市肃南县大河乡县城和肃南县马蹄
乡、金昌市永昌红山窑乡姚家寨村和永昌河西堡宗家庄村 14 个点。这一类去声
为降调的调型具有语言学意义，虽然也有低降的调形但是去声不再处于声调格局
的最低点，最低点由上声取代。还有少数的低降（肃南马蹄乡）。这一大类的阴平
都是平调调型。阳平有升调或凹升调调形（酒泉市金塔县金塔镇、嘉峪关市、武

---

❶ 另外三位发音人。

威市民勤县泉山镇中营村和民勤县薛百乡双楼村、武威市凉州区永昌镇下源村、金昌永昌红山窑乡姚家寨村），也有降调调形（酒泉市肃州区清水镇中寨和肃州区下河清、张掖市民乐县顺化乡上天乐村、张掖市肃南县大河乡东岭村、张掖市肃南县大河乡县城和肃南县马蹄乡）。上声多为凹调、两折调和嘎裂凹调。根据上文所述，这里上声成为声调格局中的最低点，它的调形也失去了语言学的意义，不再有调位特征的意义，调位特征仅仅表现为 [+ 低]。例如，肃南县马蹄乡的一个发音人的阴上字就也分为两个变体，一个是低凹调，另一个是低降调。不过肃南马蹄乡的两个发音人的上声和去声在最低点的位置上出现了竞争的局面，就是上声字出现变体的这位发音人，她的去声就是一个很低的降调，低于上声的降调，但是高于上声的凹调变体。而另一位发音人的去声降调要高于上声的降调。

玉门市的去声也有两个变体，一个是两折调，另一个是直降调。玉门市的声调格局，可以看作是去声的一个过渡带，即从有调形向无调形的纯低调过渡的地带；也可以看作是一种从四个调向三个调过渡变化的趋势。

金昌市永昌河西堡的发音人是第二类中的一个小类，但是他的发音又可以自成一类。在兰银河西片中，他是我们迄今调查到的唯一单音节字调为二声调的发音人。如图 3-6 所示，针对这位发音人，我们进行了两次调查录音。一次在 2009 年，一次在 2018 年。在第二次的调查中，我们发现他的阴平出现了一个变体。在 2009 年和 2018 年的录音材料中，阴平、阳平和上声都是合并为一个两折调，2009 年的两折调以升为主，2018 年是个完整的两折调，去声都是降调。不同的是在 2018 年录制的材料中阴平字分离出一个平调变体。

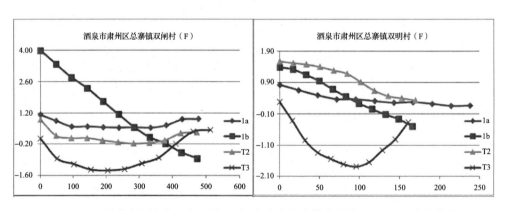

图 3-6 以甘肃省酒泉市为中心的 39 位发音人单音节字调的 Lz-Score 声调格局

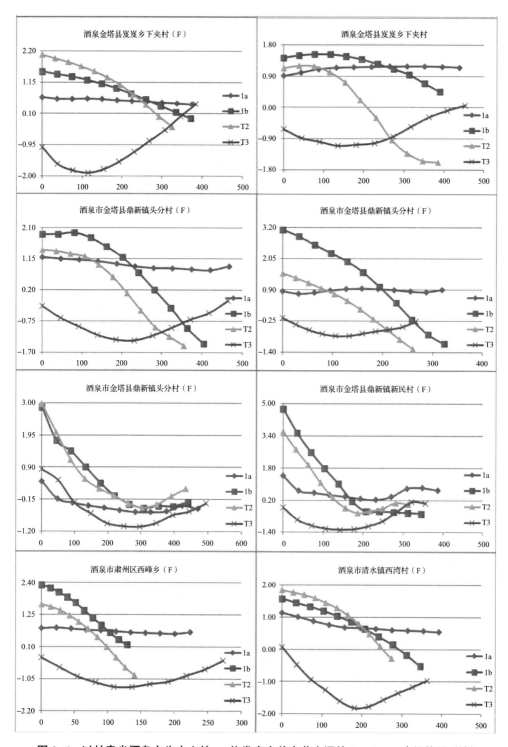

图 3-6　以甘肃省酒泉市为中心的 39 位发音人单音节字调的 Lz-Score 声调格局（续）

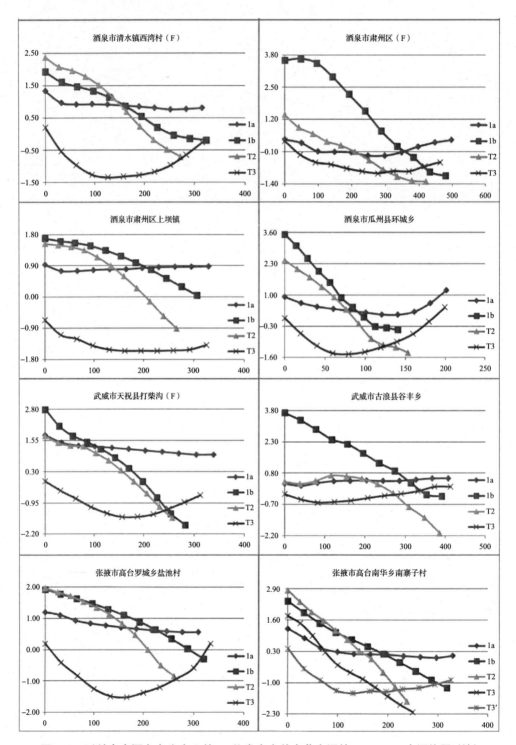

图 3-6　以甘肃省酒泉市为中心的 39 位发音人单音节字调的 Lz–Score 声调格局（续）

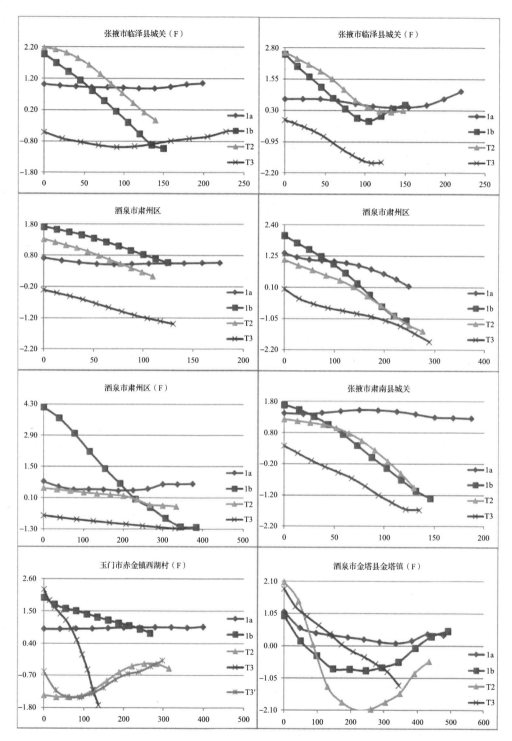

图 3-6　以甘肃省酒泉市为中心的 39 位发音人单音节字调的 Lz-Score 声调格局（续）

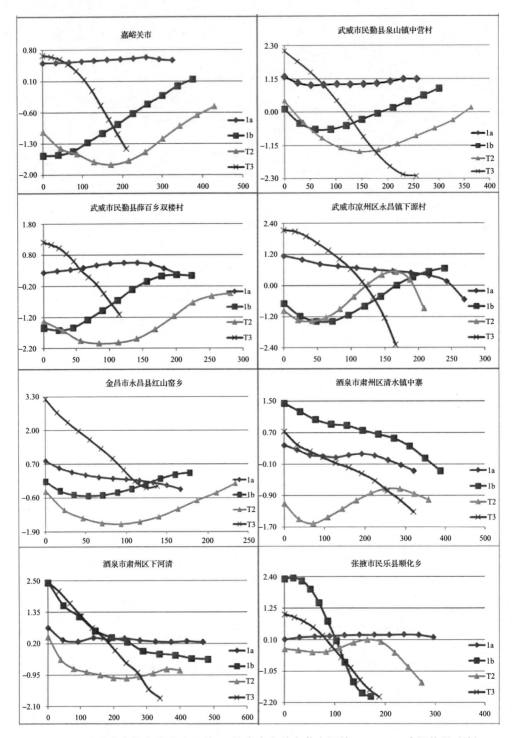

图 3-6   以甘肃省酒泉市为中心的 39 位发音人单音节字调的 Lz-Score 声调格局（续）

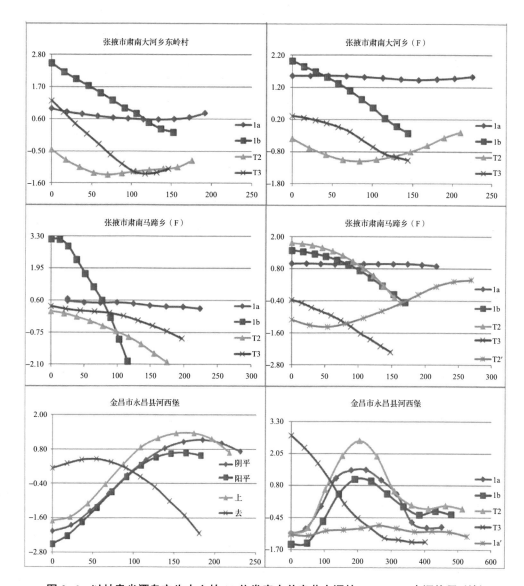

图 3-6　以甘肃省酒泉市为中心的 39 位发音人单音节字调的 Lz-Score 声调格局（续）

注：金昌市永昌河西堡一个人被调查了两次。

第七节　甘肃兰州

兰州市共调查了 34 位发音人，其中有两个人的发音数据不可用，我们在此共列出 32 位发音人的单音节字调的声调描写和 Lz-Score 的基频归一图（见表

3–7、图 3–8）。我们在第一章中就已经说过，兰州话根据阴平的调形可以分为两大类：一类是阴平为平调，另一类是阴平为降调。

阴平为平调的发音人和阴平为降调的发音人在兰州市的四个区都有。只是我们在安宁区找到的两个发音人都将阴平发为平调。如第一章所述，阴平为平调还是降调，主要是一个年龄的分界，而不是地区的分界。我们调查的 32 人中，15 人阴平为平调，15 人为降调，2 人为低降调，处于平调和降调的过渡带。

在阴平为平调的发音人中有 6 人（ZDD、CHL、CXM、ZZY、ZMG、CWM）的上声和去声的调形有明显的差异，在阴平为降调的发音人中有 1 人（CCY）的上声和去声有明显差异，其他的发音人的上声和去声都已经合并。入声字的归并符合兰银官话的特点：阴入归去声，阳入归阳平。

值得一提的是，阴平为降调的几个发音人（CBZ、QYZ、SFY、WZC、SMH），他们的阴平和阳平几乎没有区分，阴平、阳平和阳入都是降调，而且是高降调；上声、去声和阴入是一个调形，每个发音人之间或许有调形的差异，例如 CBZ 的上声和去声是一个升调，QYZ 和 WZC 的上声和去声则是一个两折调，SFY 和 SMH 的上声和去声是一个凸降调。人和人之间的上声调形都有差异，例如第一位发音人 SL 和第二位发音人 YW 是笔者在 2009 年调查的两个发音人，当时笔者就觉得很奇怪，为什么她们两个人的上声和去声的调形走势不同，一个是非常明显的两折调，一个是略有上升的凹调。2015 年再次调查发现具体到每个发音人，他们的上声和去声的调形都不太一样，总的趋势是都在一个凹调的连续统上（朱晓农、章婷、衣莉 2012:420–436），具体体现为升调、凹调、嘎裂凹调、凹升、两折调、凸降调等调位变体。所以，我们可以拿兰州话这个具体的例子来说，声调的调形（contour）在有些方言中，他们的语言学意义不大。具体到一个大的声调格局来看，单字调的语言学意义也不是很大，例如最后提到的 5 位发音人，他们的单字调格局就是一个二声调格局，这样的声调格局可以说是一个只有高低对立的声调格局。这几位发音人的年纪最小的 50 岁，最大的 75 岁，年轻一代的兰州人大多将阴平发为平调调形，等于又重新建立了三声调的格局体系。根据以往的文献看，上声和去声原来是有差别的，那么是不是可以假设上声和去声渐渐合并之后，同是降调的阴平和阳平就需要拉开距离，以便扩大整个声调格局的空间，提高可辨识度？这种动态的变化，我们在下一章将详细阐述。

表 3-7　兰州市 32 位发音人的单音字字调的声调描写

方言片	县、镇、村	1a	1b	2a	2b	T3	4a	4b
兰银金城	安宁区	平	降	两折	>T3	>T3	>T3	>1b
兰银金城	安宁区	平	降	凹	>T3	>T3	>T3	>1b
兰银金城	西固区/陈坪街道/新滩村	平	降	升	>T3	>T3	>T3	>1b
兰银金城	西固区/陈坪街道/新滩村	平	降	两折	>T3	>T3	>T3	>1b
兰银金城	西固区/陈坪街道/新滩村	平	降	凹	>T3	>T3	>T3	>1b
兰银金城	城关区	平	降	凹	>T3	>T3	>T3	>1b
兰银金城	城关区	平	降	升	>T3	>T3	>T3	>1b
兰银金城	城关区	平	降	两折	>T3	>T3	>T3	>1b
兰银金城	城关区	平	降	升	>T3	>T3	>T3	>1b
兰银金城	城关区	平	降	升	>T3	>T3	>T3	>1b
兰银金城	城关区	平	降	两折	>T3	>T3	>T3	>1b
兰银金城	城关区	平	降	两折	>T3	>T3	>T3	>1b
兰银金城	城关区	平	降	两折	>2a	升	>T3	>1b
兰银金城	城关区	平	降	升	>2a	凹升	>T3	>1b
兰银金城	城关区	平	降	凸降	2a	凹	>T3	>1b
兰银金城	七里河区	平	降	升	2a	>T3	>T3	>1b
兰银金城	西固区/陈坪街道/新滩村	低平降	降	升	>T3	>T3	>T3	>1b
兰银金城	七里河区/陈坪街道/新滩村	低平降	降	凸升	>T3	>T3	>T3	>1b
兰银金城	七里河区/华林坪	降	降	凸升	>T3	>T3	>T3	>1b

续表

方言片	县、镇、村	1a	1b	2a	2b	T3	4a	4b
兰银金城	七里河区/民主西路	降	降	两折	>T3	>T3	>T3	>1b
兰银金城	七里河区/庆阳路	降	降	凸	>T3	>T3	>T3	>1b
兰银金城	城关区	降	降	两折	>T3	>T3	>T3	>1b
兰银金城	西固区/陈坪街道/新滩村	降	降	凹	>T3	>T3	>T3	>1b
兰银金城	西固区/陈坪街道/新滩村	降	降	凸	>T3	>T3	>T3	>1b
兰银金城	西固区/陈坪街道/新滩村	降	降	升	升	降	>T3	>1b
兰银金城	西固区/陈坪街道/新滩村	降	降	升	>T3	>T3	>T3	>1b
兰银金城	西固区/陈坪街道/新滩村	降	降	凸	>T3	>T3	>T3	>1b
兰银金城	西固区/陈坪街道/新滩村	降	降	凹	>T3	>T3	>T3	>1b
兰银金城	西固区/陈坪街道/小坪村	降	降	凹	>T3	>T3	>T3	>1b
兰银金城	西固区/陈坪街道/新滩村	降	降	凸	>T3	>T3	>T3	>1b
兰银金城	西固区/陈坪街道/小坪村	降	降	凹	>T3	>T3	>T3	>1b

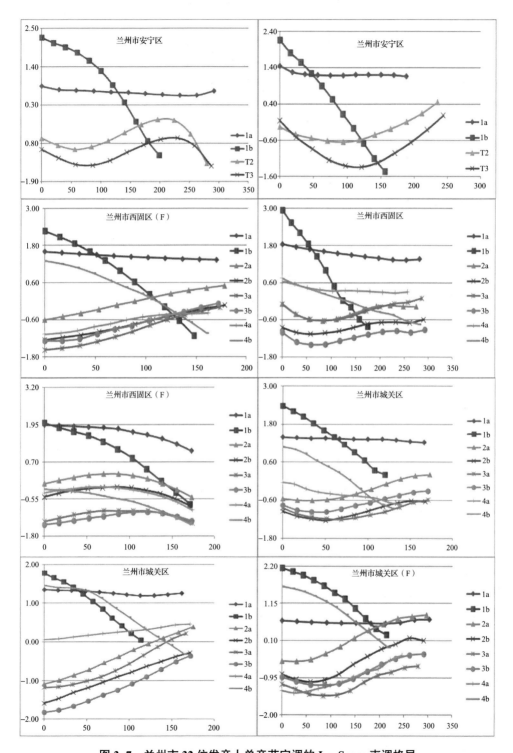

图 3-7　兰州市 32 位发音人单音节字调的 Lz-Score 声调格局

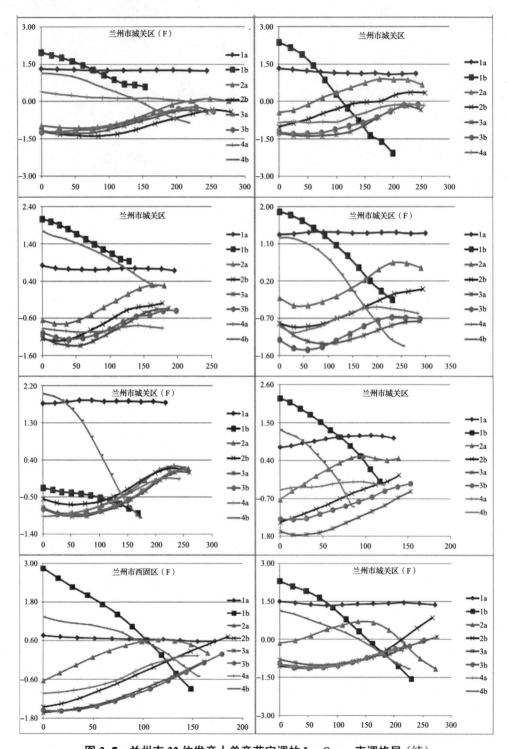

图 3-7　兰州市 32 位发音人单音节字调的 Lz-Score 声调格局（续）

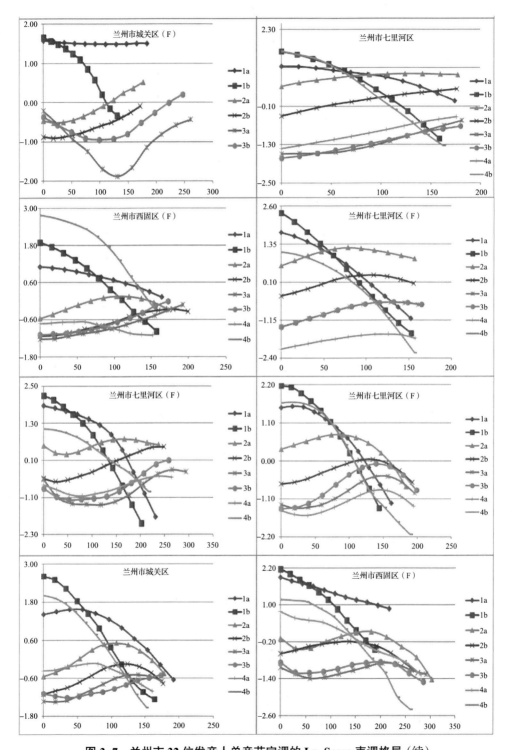

图 3-7　兰州市 32 位发音人单音节字调的 Lz-Score 声调格局（续）

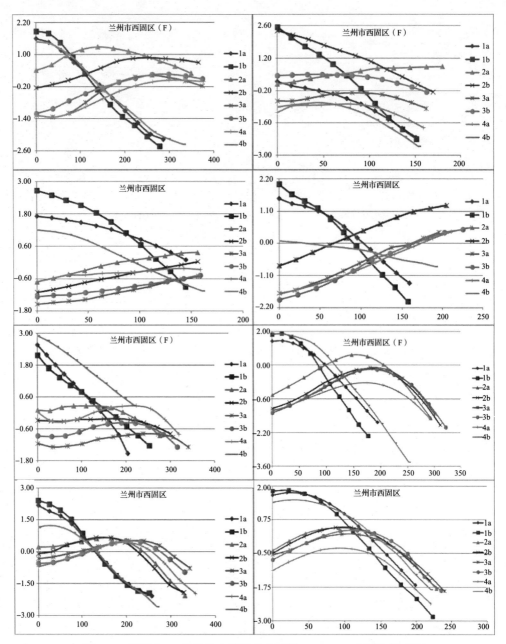

图 3-7　兰州市 32 位发音人单音节字调的 Lz-Score 声调格局（续）

第八节　甘肃红古

兰州市除了所描述的 4 个区之外，还有永登县、榆中县、皋兰县和红古区。

笔者以红古区为中心一共调查了20位发音人（见表3-8），红古区12人，永登县7人，皋兰县1人。就这20名发音人的情况来看，可以将他们分为3种类型。皋兰县是第一类，它和兰州话中阴平为降调的声调格局很相似，不同的是它的上声与去声没有合并，上声是凸降，去声是个凹调，整个声调格局显现出来的是4个单字调。但是从笔者的观察来看，这个格局应该不会持续太久，因为在这个格局中有3个降调：阴平低降、阳平高降、上声凸降。3个降调很快会让声调的格局空间显得非常紧密，从而会发生类似于兰州话的声调变体。这一点留待下一章详细说明。

第二类是3个单字调的方言点，包括兰州市红古区窑街镇上窑村和窑街镇下窑村、红古区海石湾镇红山村、红古区红古乡、永登县城关镇、永登县河桥镇、永登县连城镇。根据声调合并的不同类别，它们又分为4个小类。第一小类是红古区窑街镇上窑村、下窑村与红古区海石湾镇的红山村和永登县城关镇。这4个点的声调格局都是阴平为平调调形，阳平为降调，上声和去声合并，合并了之后的调形是两折调或者升调。这4个点的声调格局与兰州市区阴平为平调变体的声调格局一致。第二小类是红古区红古乡的发音人，他的阴平与去声合并，为平调调形，阳平为升调调形，上声为降调。第三小类是永登县河桥镇和永登县连城镇。这两个点都是阴平与上声合并，为平调。不同的是，河桥镇的阳平是个降调，去声是升调；连城镇的阳平是升调，去声是凹调。不过连城镇的声调调形有向两个单字调发展的趋势。我们总结一下这个点的几个小类，按照阴平—阳平—上—去的格局来看，它们分别是：

平—降—两折（上去）；

平（阴平去）—升—降；

平—降—升（上去）；

平（阴平上）—降—升，或者平（阴平上）—升—凹。

第三类是两个单字调。包括的方言点有红古区海石湾镇城关、海石湾镇上海石村、海石湾镇下海石村、海石湾镇龚家庄，红古区平安镇岗子村、平安镇夹滩区，红古区窑街镇上街村，永登县河桥镇、永登县城关镇。这几个点又分为4个小类。

表 3-8 兰州市红古区、永登县、皋兰县 20 位发音人的单音节字调的声调描写

方言点	区、县、乡镇、村	1a	1b	2a	2b	T3	4a	4b
兰银金城	皋兰县/什川乡	低降	降	凸降	>2a+T3	凹	>T3	>T3+1b
兰银金城	红古区/窑街镇/上窑村	平	降	两折	>2a+T3	>2a	>T3	>T3+1b
兰银金城	红古区/窑街镇/下窑村	平	降	两折	>2a+T3	>2a	>T3	>T3+1b
兰银金城	红古区/海石湾镇/红山村	平	降	两折	>2a+T3	>2a	>T3	>T3+1b
兰银金城	永登县/城关镇	平	降	升	>2a+T3	>2a	>T3	>T3+1b
兰银金城	红古区/红古乡	平	升	降	>2a+T3	>1a	>T3	>T3+1b
兰银金城	永登县/河桥镇	平	降	>1a	>2a+T3	升	>T3	>T3+1b
兰银金城	永登县/连城镇	平	升	>1a	>2a+T3	凹	>T3	>T3+1b
兰银金城	红古区/海石湾镇/海湾镇	升	>1a	平	>2a+T3	>1a	>T3	>T3+1b
兰银金城	红古区/海石湾镇/下海石村	升	>1a	平	>2a+T3	>1a	>T3	>T3+1b
兰银金城	红古区/海石湾镇/龚家庄	升	>1a	平	>2a+T3	>1a	>T3	>T3+1b
兰银金城	红古区/海石湾镇/上海石村	升	>1a	平降	>2a+T3	>1a	>T3	>T3+1b
兰银金城	红古区/海石湾镇/上海石村	升	>1a	降	>2a+T3	>1a	>T3	>T3+1b
兰银金城	红古区/平安镇/岗子村	升	>1a	平	>2a+T3	>1a	>T3	>T3+1b
兰银金城	红古区/平安镇/夹滩区	升	>1a	平降	>2a+T3	>1a	>T3	>T3+1b
兰银金城	红古区/窑街镇/上街村	降	>1a	升	>2a+T3	>2a	>T3	>T3+1b
兰银金城	永登县/河桥镇	降	>1a	两折	>2a+T3	>2a	>T3	>T3+1b
兰银金城	永登县/城关镇	降	>1a	两折	>2a+T3	>2a	>T3	>T3+1b
兰银金城	永登县/河桥镇	平	>1a	>1a	>2a+T3	降	>T3	>T3+1b
兰银金城	永登县/河桥镇	平	升	>1a	>2a+T3	>1a	>T3	>T3+1b

第一小类包括红古区海石湾镇城关，海石湾镇上海石村、下海石村，海石湾镇龚家庄，红古区平安镇岗子村、平安镇夹滩区。这一类阴平、阳平、去声合并，都为升调调形，上声自成一个调，调形有平调、平降调（平安镇夹滩区和上海石村的一位发音人）、还有降调调形（上海石村的另一位发音人）。在这里需要说明的是，上声的调形是平调还是降调其实并没有那么重要，充其量应该只是一个因个体差异而形成的发音变体（idiolect），并不产生交流的障碍。从理论上讲，如果只有两个调，其实更大的情况下，他们只是高低的对立而已。所以，无论是平调调形还是降调调形，无非都是为了和升调的调形形成一个高低对立罢了。有一位发音人的情况值得一说，海石湾镇龚家庄的 JWL，他的单字调中，除了上声，其他 3 个调都有很多字出现降调的情况，所以，在图 3-8 中，笔者专门在他的 Lz-Score 归一图中做了一条降调的变体。第二小类包括红古区窑街镇上街村、永登县河桥镇、永登县城关镇 3 个发音人。这 3 位发音人的声调格局是阴平与阳平合并，为降调。上声与去声合并，为升调或者两折调。这种合并趋势和兰州话阴平为降调的西固区发音人的声调格局非常接近。如果兰州话的阴平没有变体为平调，那么慢慢形成这样的格局也是有可能的。第三小类是永登县河桥镇的另一位发音人。他是阴平、阳平、上声合并，为平调，去声是个降调。第四小类还是永登县河桥镇的发音人，他的阴平、上声、去声合并为平调，阳平为升调。

20 名发音人入声的归并都很整齐，都是阴入并入去声，阳入并入去声和阳平。因为有的方言点去声与阴平合并，所以入声的数据与阴平也一样，此处为了统一表述，故都整理为归入去声。具体情况如图 3-8 所示。

有很多人针对红古区的声调做过研究，但是众说纷纭，似乎没有一个定论。本书在整理这些语音数据的时候，有一个想法，即红古话应该是没有单字调的。就拿上述红古和永登的发音人来说，他们声调的归并非常随意，这里我们特别要谈一下永登县河桥镇的声调。这个点共调查了 4 位发音人，一位的声调格局是 3 个调：平（阴平上）—降（阳平）—升（去）；另外 3 个人的声调格局是两个单音节字调：一位是降（阴平阳平）—两折（上去），一位是平（阴平阳平上）—降（去），还有一位是平（阴平上去）—升（阳平）。河桥镇的几个发音人彼此没有交流障碍，也不认为自己的方言与别人有什么不同。这里唯一能够解释的是，他们的"所谓"单音节字调也许并不是最小的语言交流单位。他们的声调归并似乎只有一个目的，即产生高低两个对立的"调"就可以了，至于是谁和谁合并，似乎没有那么严格。让笔者感到困惑的有两点，一是为什么单字调声调不一样，他们还能无障碍交流？二是如果单字调已经逐渐消失，那么他们的音节是否够用？或许这些需要进一步讨论他们的连字调和音位才能找到答案。

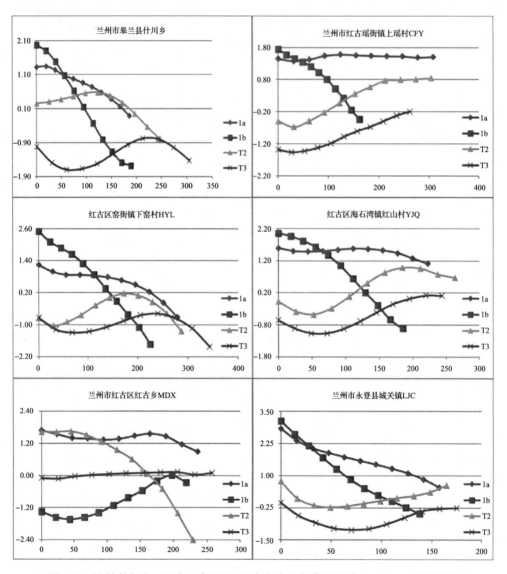

图3-8 兰州市永登、红古、皋兰20位发音人单音节字调的 Lz-Score 声调格局

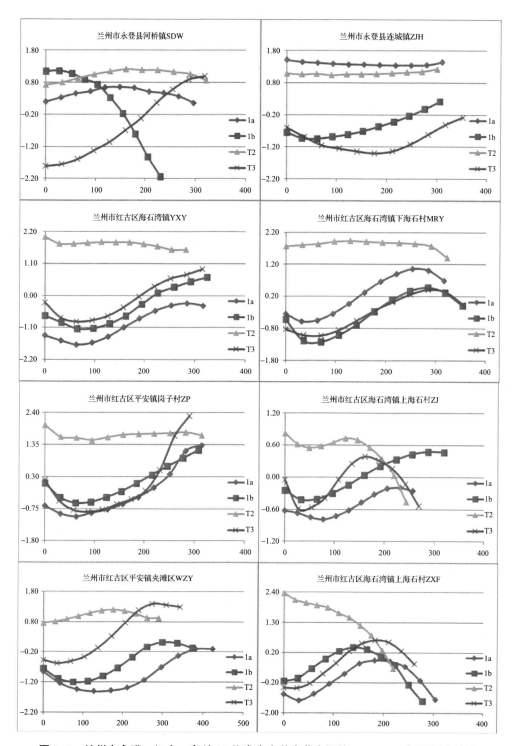

图 3-8 兰州市永登、红古、皋兰 20 位发音人单音节字调的 Lz-Score 声调格局（续）

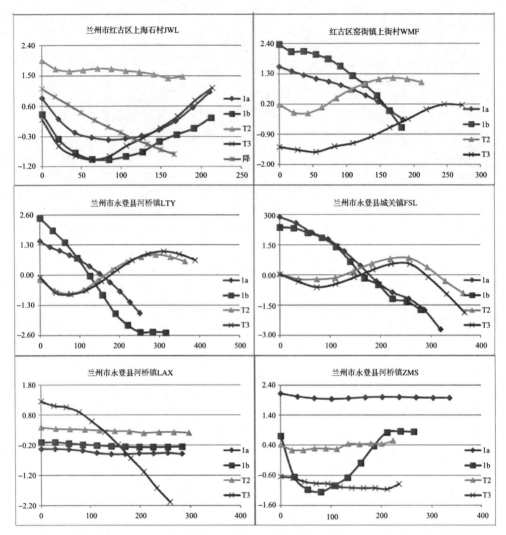

图 3-8　兰州市永登、红古、皋兰 20 位发音人单音节字调的 Lz–Score 声调格局（续）

注：其他调查点基本是一个调查点 1～2 个发音人，故用性别区分；

兰州附近的声调比较复杂，几乎一人一个情况，故用姓名拼音缩写区分

第四章
调类合并问题的探讨

本章从四个角度来探讨西北方言声调合并的原因和趋势。这四个方面是层层递进、相辅相成的，每一个问题都构成另一个问题的条件，所有问题都尝试解释一个问题：单字调调类的减少。

第一，是"普适调型库"的建立，这是朱晓农（2014:193-205）近些年对声调问题研究不断深入之后做的一个总结。他指出，必须有一个"普适调型库"，也就是一个大的参数框架，方言之间的类型研究方能科学地展开。如若不然，孤立地用五度制描写每个方言的声调，虽然很有意义，但是在方言之间进行对比分析时，不免会显得捉襟见肘。例如，在两个方言中同样被描写为 {52} 的降调，就有可能是两个完全不同的降调。有可能一个在高域，有假声，另一个在常域。还有可能一个调头有拱形 {452}，另一个没有拱形，是个直降的调形。虽然在一个方言/语言内部，这样的差异对于描写内部的声调格局没有太大的干系，但是如果进行语言/方言之间的声调类型研究，就像是拿华氏 30 度和摄氏 30 度进行对比，看似一样，实则相去甚远。度量衡如果没有统一，比较就如"鸡同鸭讲"（compare apple with peach），结论都是没有实际意义的。笔者对西北方言单字调合并的研究，正是一个跨方言的普适研究，这需要从多个方言点出发进行观察比较，找出声调合并的内在原因。所以，"普适调型库"对于本书针对西北各方言之间的对比和对立比较有极其重要的意义。

第二，是"调位特征"与调形合并的关系。"调位特征"由音位特征衍化而来，即发音的过程中可以用哪几个基本的特征就能将两个音区别开，或者哪几个音可以归入一类。海斯（Hayes 2009:74）曾经解释我们既然能像 IPA 那样准确地定位一个音，又为什么要引入"特征"（feature）这个概念呢？他解释说特征系统主要是用来区别"自然类"这个概念，即从属于音系规则下的"一组音"。由此可见，"特征"对于语言的类型学研究是非常重要的。"调位特征"最早是王士元于 1967 年（2010）提出的，他提出的一套系统共有七对音位特征" tonal features"，用来区别 13 种声调，这套区别特征中包含了高、低和曲拱特征，可以称得上是最早的有关声调研究的生成音系学（generative phonology）。之后，吴（Woo 1969）在其 MIT 的博士论文中，又将声调的音位特征缩小到只有"H"（高）和"L"（低）两个，这个系统因为和"音位特征"相契合，而被生成音系学广泛接受。之后，朱晓农（2014:193-205）提出"普适调型库"的概念，在区分调类的时候又加入了"曲拱"作为区别特征。他认为，原有的"高/ 低"系统下的"调位特征"在描写音高、曲拱、长度和发声态时，不够充分，很多时候显得捉襟见肘。例如，面对类似贵州苗语（朱晓农、石德富、韦名应 2012:3-12）的 6 个平调时，或者若干种凹调的对立，如前凹、低凹、两折调和后凹调的对立（朱晓农、章婷、衣莉 2012: 420-436），仅仅用音高和曲拱这两个方面，或者仅仅用"高 / 低"系统就无法充分描写，如果再加上长短和发声态的区别，上述的系统就更加没有施展作用的余地了。所以，朱晓农（2014）在提出"普适调型库"的同时，又提出了一套"调位特征"。本书在此基础上，针对西北官话做了特征的调整，并用这套系统来探寻声调合并的趋势和缘由。

第三，是"纯低调"与调类合并的关系。这个问题与上一个问题紧密相关。"纯低调"也是朱晓农等（2012:420-436；朱晓农 2014:193-205）提出来的一个重要概念，西方学者将这个调命名为"调形不显著的声调"（underspecified tone）❶。即这个调型的具体调形走向不用来区别意义，区别意义的只是一个"低"的特征。这里要区别一下"调形"和"调型"的概念。"调形"是指声调在物理层面的轨道走向，可以有辨义的作用，也可以没有辨义的作用；而"调型"是形成了一个类别，有辨义的作用。以往的很多研究中没有将这两个概念区别开来，是因为以往没有提出"纯低调"这个概念，不同的"调形"意味着不同的

---

❶　与凯瑟琳·杨（Cathryn Yang）教授交流得出。

"调型"。但是"纯低调"则打破了这个概念，调形不同，例如低凹的调形和低降的调形不同，但是他们的"调型"确是相同的，都是"纯低调"这个调型。这个概念是在建立了"普适调型库"的基础上才提出来。因为在一个方言内部，调形的区别总是存在的，但是调形的差异是不是就等同于调型的差异，这个问题就需要调位特征来解决。在笔者调查西北官话的时候，发现这里很多的方言点中有不止一个调类具有"纯低调"的特征。也许开始的时候他们的调形是有语言学意义的，但是当"纯低"这个特征高于其他的特征时，尽管调形走势有差别，但此时这个调形走势会慢慢让位于"纯低"这个特征，从而形成调类（调型）的合并。

第四，是声调演化本身的趋势与调类合并的关系。这个问题与西北方言并不直接相关，但是又有密切联系。这是朱晓农（2014:193–205）继提出"普适调型库"、调位特征之后，又提出来的一个概念。他认为，声调的内部演化是声调发生变化的内因，我们固然承认语言的变化存在接触的因素，但是声调自身的演化过程更是一个不可遏制和逆转的力量。本书这里也是要用声调演化的规律来诠释西北官话声调合并现象的过程。最后，本书要再从重音的角度来审视一下西北官话的二声调语言。这里面最著名的就是兰州红古区的单字调。有关这个点的声调情况已有很多人做了研究，本书的视角是不再将红古的单字调看作是声调，而是要重新审视红古的多音节字调。

第一节　普适调型库

"普适调型库"顾名思义就是要建立一个普遍适用的、能够涵盖所有调型的集合，这样在进行方言、语言之间的声调类型对比时，能够有一个类似标尺之类的常数作为对照参数。换句话说，"普适调型库"是要建立一套用来比较不同方言/语言之间声调调型的统一"度量衡"，这样在进行调类或称为调型的对比时，各方的"度量单位"是一致的。举个例子，在表示温度高低时，同样的 30 度，华氏和摄氏的 30 度概念是完全不同的。不同方言/语言之间进行声调对比，如果仅仅用一个五度制，很多时候也会遇到这样的问题。例如，笔者在调查陕西方言时，就遇到两个凹调或两个降调在一个方言中的对立情况。我们勉强将陕西咸阳方言中两个降调的对立描写为阴平 [31] 和上声 [51]，陕西安康两个凹调的对立描写为阳平 [214] 和去声 [423] 的对立。但是在进行方言之间的类型对比时，会发现陕西安康的阳平 [214] 与陕西咸阳的阴平 [31] 其实是一个类型，他们都是用"低"作为主要的辨别特征，也就是前面提到的"纯低调"。这一点在《凹调的种类》一文中，朱晓农、章婷、衣莉（2012）也做过论述，包括汉语普通话的上声也属于这个类型。"普适调型库"初期（朱晓农、衣莉2011）有20多种类型，后来朱晓农（2014:193–205）根据多处方言的实际调研数据又增至45种，目前这张完整的调型表（表4–1转引自朱晓农2014）可以看作是一张类似"化学元素周期表"的"声调周期表"，一方面，可以用来做方言/语言之间的类型研究；另一方面，表中还有很多空白的地方，这也可以看作是一个"指示标"，用来预测未来方言调查中的新发现。

朱晓农（2014:193–205）指出，在使用这个"普适调型库"时，有两点要注意：首先，调型（tonotype）不同于调位（toneme）。调位是针对具体某个方言或语言的声调格局中的区别性概念，而调型则是跨语言的类型学概念。调型包括三项特征：1）每个调型都有自己的声学/听感特征；2）每个调型至少都与同样声调拱度（contour），或者称为"调形"的另一个调型在一个语言中有对立；3）"普适调型库"中的每个调型对于所有声调的类型定位及自然演化是充分而必要的（至少冗余度是最小的）。其次，要区分"调型"和"调形"这两个概念。前文已经提到，以前的很多研究中并没有针对这两个概念做出区分，所以很多研究者会通用这两个概念。在本书中，"调形"专指声调具体的形状拱度（contour）、轨道走向，而"调型"有时候指一个方言或语言内部的调型对立，有时候则可以指方言或语言之间的调型对立。之所以有很多学者会将二者通用，是因为二者有的时候的确是指同一个概念。例如，在同一个方言中，平调调型与降调调型，也可以说是平调调形与降调调形，这并不会引起误解和歧义。但是需要注意的是，在不同的方言之间，如果调形相同，也可能不是一个"调型"，如同样是平调的调形，在 A 方言中可能在高域，有假声，这就是一个平调调型的高平亚型，而 B 方言中的平调可能是低域中的平调调形 /11/，那它就是一个"纯低调"的调型，与平调调形无关。另外，调形不相同，也可能会归并到一个"调型"之中，如上文提到的低域平调调形 /11/，与同样在低域的低凹调形的 {214} 或者 {303} 就都属于一个调型，即纯低调的调型。再如，同样在中域，调形为前凹、低凹、后凹或者两折调，具体表现出来的调形走向都是不一样的，但是他们同样属于凹调的调型。

值得一提的是，目前这个"普适调型库"还有一个缺点，即"纯低调"中的低凹调与凹调中的低凹调有相互的交集，这也是目前普适调型库还不能够完全做到既充分又必要的地方。

针对研究的范围，笔者从"普适调型库"中取出常域长调调型和"纯低调"的调型来标示西北声调。第三章对所有调查点的描写都没有用调值来描写，其所做的 Lz-Score 声调归一图用的都是四度标调的维度。声调归一图可以看出某个声调的调值是多少，但是本书重点所要探讨的是"调形模式"，或者严格地说是"拱度模式"在"调型"中的位置，从而找出调类（调位）合并的规律和趋势。

表 4-1　普适调型库

调型	亚型	高域	中域	低域	高域	中域	低域	中域长调
纯低			/22/	/11/				{32, 323, 23}
平	高平	/66/	/55/	—	/66/	/55/	—	{45, 55^4, 54}
	中平	—	/44/	/33/	—	/44/	—	{44^3, 43}
	低平	—	/33/	/22/	—	—	/33,33/	{33^2, 32}
升	高升	/46/	/35/	—	/46/	—	—	{25}
	低升	/35/	/24/	—	—	—	/13/	{243}
	微升	—	/34/	—	—	—	—	{45}
	后凸升	—	/354/	—	—	—	—	{353,243}
凹	前凹	—	/324/	/213/	—	—	—	{325}
	低凹	/404/	/323/	/202/	—	—	—	{303, 223, 324}
	后凹	—	/523/	—	—	—	—	{423}
	两折	—	/4242/	—	—	—	—	{5232, 3242}

续表

调型	亚型	高域	中域	低域	高域	中域	低域	中域长调
降	高降	/63/	/52/	/40/	/<u>64</u>/	/<u>52</u>/	—	{53}
	低降	—	/42/	/31/		/<u>42</u>/	—	{43}
	高微降	—	/54/	—			—	{43}
	低微降	—	/43/	—			—	
	高弯降	—	/<u>552</u>/	/341/			—	{553, 452}
	低弯降	—	/<u>342</u>/	/231/			—	{442, 332}
合计		45	5	18	12	3	6	1	—

注：空白处是目前方言调查还没有发现的声调；

下划线为实线表示短调，下划线为虚线表示中短调，"—"表示空缺

第二节　调位特征与调类合并

继赵元任于 1933 年（1933，1980:81–83）发明五度标调制之后，又有很多研究尝试描写声调特征。王士元（1967，2010）试图用一套区别特征来描写声调，让声调描写能够进入生成音系学的描写范式中，他提出七组特征中有四组是和声调的轨道走向（contour trajectory）有关，即 [contour][rise][fall][convex]。利用这组特征描写，还可以预测到很多种声调种类，不过这种动态的声调描写模式并没有被生成音系学采纳。克莱门茨（Clements et al. 2011）称这套体系没有跨语言的意义，他在 1983 年就提出与伊谱（Yip 2002）类似的一套声调特征体系，将声调分出域（register）和次域（sub-register），每个域内部又分出两个高和两个低共四个特征。吴（Woo 1969）也曾在她的博士论文中提出另一种描写声调的理论，即声调承载单位（tone bearing unit）是韵腹中的音段，每个声调承载单位只能承载一个声调，每一个调都是水平的、静止的。针对汉语普通话的四声描写，每个声调可以被看作两个声调承载单位，每个单位上有一截直的、静止的调，汉语普通话的四声用这套体系就被描写为：HH, LH, LL, HL。这套系统将声调特征简化至一组对立的单位，这是生成音系学非常乐见其成的，但这种方法是将声调看作静止的、直线的，当面对汉语方言中的有些调类，如

凹调的亚类"两折调"时，就要将其描写为 HLHL，这样不免会违背这套系统"简约"的初衷，反而不如五度制 {4242} 简单明确。此外，对于某些方言中的对立也无法给出正确的解释，如"前凹调"（LH）与"升调"（LH）的对立，或者"降调"（HL）与"后凹调"（HL）的对立就无法清晰可见。这样看来，吴的办法会让汉语方言的声调描写在高度概括的框架下失去很多细节。

后来，朱晓农（2012:1-16）提出一个六型十类的降调分类系统，再后来林文芳等（2013）又做了补充，分出一共有七型十一种降调，这十一种降调用五对区别特征来描述：[±RgM, strt, long, H_{head}, H_{tail}]。其中，[RgM] 将十一种降调分到两个调域：七个在中域，四个在低域；[Strt, long]，分出三个大类：长降、短降、弯降；调头高低 [H_{head}] 分两小类；调尾高低 [H_{tail}] 区别开长直降中的"高降"和"微降"。朱晓农等（2012）又用四对区别特征 [±RgM, contour, double circumflex, high] 将凹调分出七种调型，四种在中域（低凹，前凹、后凹、两折），三种在低域（弛凹、嘎凹、高嘎凹）。调型拱度分五类，其中四类是以拱度为区别特征 [+Cnt] 的降平升凹型，还有一类是不以拱度作为区别特征 [-Cnt] 的纯低型，语音变体在常域里涵盖最低降拱 {32}、最低平拱 {22}、最低升拱 {23}、低凹拱 {323/324} 等各种低调，可附带非区别性的嘎裂声和气声。例如，北京话上声 [214/21]、天津话阴平 [11/21]、广州话阳平 [11/21] 都属常域纯低调。

本节采用朱晓农（2012）和朱晓农、章婷、衣莉（2012）的办法，针对西北官话中已经合并的声调调类，或者正渐趋合并的声调调类进行分析，用调类的区别特征来解释西北官话中声调的合并现象。这里选取了五个区别特征来描写西北各方言点的声调调类。他们分别是 [±underspecified, H_{head}, H_{tail}, DCT, straight]。在西北官话中，唯一出现的发声态问题就是嘎裂声，这个特点可以用 [underspecified] 这个特征涵盖，所以不再需要区别 [register]。[H_{head}] 用来区别升调还是凹升调，[H_{tail}] 区别凹降调与降调，[straight] 用来区别调头调尾一样高的凹调与平调，[DCT] 主要是将两折调与凹调区别开。不过，凹调和两折调本身都是凹调这个大的调型的亚型，而且他们都处于一个变化的连续统（continuum）上，在西北官话中凹调与两折调常常互为变体，不存在最小对的对立情况。本书采用这个特征，主要是为了形象地将调类变化、合并的情况动态地展现出来。[H_{head}] 还可以区分高降、低降和弯降，在西北官话中，高低降的对立是存在的，很多方言点正是因为有这样的对立才引起的调类合并。弯降与直降的区别主要还是用 [straight] 这个调位特征。

接下来，本节依然如第三章一样以每个调查点为中心，分析八个调查点的方言的调位特征。本节的重点不在于展示调位特征如何，而是希望通过分析调位特征，找出声调调类合并的原因及即将合并的可能性。当然，对于没有合并的调类或者没有可能合并的调类，本节不做重点说明。对于无法用调位特征说明的调类合并，也不是本节的重点。

一、青海西宁

根据前文对声调格局的描写，西宁市 31 个发音人，27 个调查点的声调格局大致分为三类：乐都、民和和西宁（循化同）。在观察它们的调位特征后，进一步将其细化为四类（见表 4-2）。

表 4-2　以西宁市为中心的几种声调格局的单字调调位特征

类别		调类调值	[UNDSPC]	[H$_{head}$]	[H$_{tail}$]	[DCT]	[Strt]
I	1a	{323}/{3232}	+	+	+	–/+	–
	1b	{323}/{3232}	+	+	+	–/+	–
	T2	{54}/{543}	–	+	–	–	+
	T3	{24}/{3232}	–/+	–	+	–/+	+/–
II	1a	{55}/{44}	–	+	+	–	+
	1b	{24}/{25}/{325}	+	–	+	–	+/–
	T2	{55}/{44}	–	+	+	–	+
	T3	{24}/{25}/{325}	+	–	+	–	+/–
III	1a	{55}/{44}	–	+	+	–	+
	1b	{24}/{324}	+	–	+	–	+/–
	T2	{55}/{44}	–	+	+	–	+
	T3	{53}/{35}/{24}	–/+	+/–	–/+	–	+
IV	1a	{45}	–	–	+	–	+
	1b	{24}	–	–	+	–	+
	T2	{34}	–	–	+	–	+
	T3	{35}/{24}	–	–	+	–	+

续表

类别		调类调值	[UNDSPC]	[H~head~]	[H~tail~]	[DCT]	[Strt]
IV	1a	{334}	–	–	+	–	+
	1b	{24}	–	–	+	–	+
	T2	{44}	–	+	+	–	+
	T3	{35}	–	–	+	–	+
	1a	{44}	–	+	+	–	+
	1b	{344}	–	–	+	–	+
	T2	{542}	–	+	–	–	–
	T3	{352}	–	–	–	–	–

　　第一类是乐都（马营乡、瞿昙乡）的汉语方言，阴平和阳平调形一致，都是凹调，调位特征都具有"纯低调"[underspecified]的特征。乐都发音人的平声是凹调的一个变体"两折调"，凹调和两折调在这里不形成对立，平声的声调目标都是声调曲线上的最低点。相对来说，这是声调的拱形在交流中并不是最重要的。因为在交流的过程中，平声虽然有拱形的差异，但这个差异不形成意义上的对立。所调查的两位发音人的上声都有 [+H~head~] 和 [–H~tail~] 的调位特征，表现为降调。要讨论调类合并的问题，这里主要观察的是去声调位特征的变化。瞿昙乡发音人的去声是个升调调形，不具备 [underspecified]（缩写为 UNDSPC）这个特征，马营乡的去声虽然开始也有升的趋势，但是又降下来，变成一个调值为 {3232} 的两折调，并且调形不稳定，声调的目标不是声调曲线上的最高点，而是最低点，于是马营乡的去声与平声就具有了一个相同的调位特征，形成了马营乡只有两个单字调的格局。马营乡和瞿昙乡的区别在于去声调位特征的不同，由此形成了发音人一个三调，一个两调的声调格局。

　　第二类是西宁片，包括大通、门源、互助、化隆、湟源、湟中、祁连、乌兰、兴海、都兰等县乡22个点的单字调格局。我们已经知道发音人的声调格局都是阴上归入阴平，去声归入阳平。我们需要关注的是门源县的一个发音人（现居上海），还有互助丹麻镇的一位发音人。他们的去声与阳平也出现了高低的差别，丹麻镇的阴平与阴上也有高低的差别。这两个地方的对立与第三章第一节谈到的民和声调中高低的差别属于一个情况，即这种差别没有语言学的意义。

同理，化隆县查甫乡的去声和阳平的调形走向也不一样，但是他们都是"纯低调"[underspecified] 的调位特征占主要地位，即调形走向不再承担语言的对立功能。西宁片已经在单音节字调上形成了非常整齐的二声调格局，即声调的高低对立是最主要的对立。

第三类是循化县的声调，循化县有两个街子乡的发音人声调格局与西宁的格局一样，还有两位循化县城的发音人的声调格局不同，与西宁格局的主要区分就在去声。这两位发音人一个去声是降调，另一个是升调，都不是纯低调，它们与阳平形成了对立，没有合并为两个调，形成了三个单音节字调的格局。

第四类是民和的声调格局。首先是隆治乡桥头村，这个点的阴平、阳平、上声和去声都是升调的调形。从声调格局图上（第三章图 3-2）看，他们只有高低的差异，但是在听感上没有差异。总体而言，阴平最高，两位发音人的阳平、上声和去声高度不稳定，有一位是阳平最低，有一位是去声最低，虽然无法分辨这个高度的语言学意义，但是能够确定的是，他们彼此之间交流没有障碍。逻辑上讲，这个高度是没有辨义的。既然拱形没有区别，高度没有区别，也就没有发声态的区别。这个点声调格局无法用调位特征来解释。其次民和巴州县与民和马场垣乡的声调格局不能完全归入一类，共同之处是都保留了四种调形。马场垣乡的阳平与去声没有区别特征，它们是平行的两个升调调形，要将它们区分开，需要再引入一个特征。这和第二类民和隆治乡的四个升调调形类似，听感上都没有区别。我们就区别特征看，它们应该是合并的。笔者试图将这几个点都归入连字调的讨论范畴之内，因为他们的连字调中呈现出多于三种的调形（平、升、降）结构。

我们特别需要留意的是，如果这个调有"纯低调"的特征，即 [+under-specified]，那么我们会发现它们都兼具 [± straight]（缩写为 Strt）两个变体，彼此并没有交流上的障碍。可见调形的走向在权重上是排在纯低调 [+underspecified] 这个特征之后的，即 [+underspecified]> [± straight]。

二、宁夏银川

上一章按照调形将以银川市为中心的调查点分为三类，这里按照调位特征也将其分为三类（见表 4-3）。

表 4-3 以银川市为中心的几种声调格局的单字调调位特征

类别	调类调值		[UNDSPC]	[H head]	[H tail]	[DCT]	[Strt]
I	1a	{32}/{303}/{323₂}/{22}	+	−	−	−/+	−
	1b	{24}/{23}/{323₂}	−/+	−	+/−	−/+	−
	T2	{52}	−	+	−	−	+
	T3	{55}/{44}	−	+	+	−	+
	1a	{3232}/{323}	+	−	−	+/−	−
	1b	{3232}/{323}	+	−	−	+/−	−
	T2	{52}	−	+	−	−	+
	T3	{3232}/{323}	+	−	−	+/−	−
II	1a	{52}	−	+	−	−	+
	1b	{3232}	+	−	−	+	−
	T2	{52}	−	+	−	−	+
	T3	{3232}	+	−	−	+	−
	1a	{55}/{44}	−	+	+	−	+
	1b	{323}	+	−	−/+	−	−
	T2	{52}	−	+	−	−	+
	T3	{323}	+	−	−/+	−	−
	1a	{55}/{44}	−	+	+	−	+
	1b	{52}	−	+	−	−	+
	T2	{52}	−	+	−	−	+
	T3	{323}	+	−	−/+	−	−
	1a	{55}	−	+	+	−	+
	1b	{323}	+	−	−/+	−	−
	T2	{323}	+	−	−/+	−	−
	T3	{52}	−	+	−	−	+
III	1a	{33}	−	−	−	−	+
	1b	{54}	−	+	−	−	+
	T2	{42}	−	+	+	−	+
	T3	{24}	+	−	+	−	−

第一类方言点可以分为两小类，主要特点是阴平为纯低调。1）第一小类包括的方言点有固原市泾源县大湾乡，固原市泾源县香水镇，固原市彭阳县城关，固原市彭阳县草庙乡，固原市隆德县城关，固原市隆德县沙塘镇马河村，中卫市海原县海城镇，固原市，固原市原州区，固原市彭阳县王洼镇，固原市隆德县沙塘镇城关，固原市西吉县下堡乡、将台乡和火石寨乡，固原市西吉县龙王坝村，中卫市海原县海城镇，中卫市海原县数台乡，中卫市海原县黑城镇，吴忠市同心县下马关镇，吴忠市同心县城关。这一类方言格局形成四个单音节字调与三个单音节字调相互纠缠的一种模式。两种声调格局的区别主要取决于阳平的调位特征中是否有"低 [underspecified]"的特征。如果有（固原市德隆县城关，固原市原州区，固原市西吉县下堡乡、将台乡、火石寨乡、龙王坝村，中卫市海原县城关、黑城镇，吴忠市同心县），它就会和阴平合并，整个声调格局就成为一个三音节字调的格局形式：高平—高降—纯低调。其中，去声是高平，上声是高降，阴平和阳平为纯低调。如果阳平没有和阴平合并，即它的调位特征中没有"低 [underspecified]"的特征（固原市泾源县大湾乡、固原市泾源县香水镇、固原市彭阳县、固原市隆德县沙塘镇马河村），就会形成四个单音节字调的声调格局：高平—高降—升—纯低调。阳平在这里成为高调与低调对立之间的一个过渡。2）第二小类的方言点是中卫市海原县西安镇和中卫市海原县关桥乡。这一类是第一小类中的三个单音节字调进一步向两个单音节字调演化的结果，声调格局形成高低对立：高降—纯低调。上声依然是高降，阴平、阳平合并，去声从高平下降，获得"低 [underspecified]"的特征，也与平声合并，都是纯低调。这一小类声调也是第一大类到第二大类的过渡带。

第二大类的主要特点是去声为纯低调，分为三个小类。1）第一小类的方言点包括吴忠市红寺堡区和中卫市海原县蒿川乡。这一类只有两个点，声调格局是明显的两个单音节字调格局：高降—纯低调。阴平和上声是高降，去声和阳平是纯低调。2）第二小类包括的方言点有中卫市海原县海城镇和吴忠市盐池县王乐井乡。这两个方言点形成三个单音节字调的格局：高降—高平—纯低调。上声高降，阴平高平调，去声和阳平为纯低调。阴平从高降变为高平是西北官话比较普遍的一种现象。这可以用调位特征理论来解释，因为他们起点的特征都是 [+ 高]（[H$_{high}$]），习得语言的时候，很容易捕捉到的特征也是 [+ 高]

（[H_head]），再加上这个声调格局里面有两个高降（阴平和上声），其中一个比较容易脱落调尾 [– 高]（[–H_tail]）低的特征，变成高平。3）第三小类的方言点包括吴忠市同心县豫海镇、吴忠市同心县石狮镇、吴忠市同心县河西镇、中卫市沙坡头区、中卫市中宁县城关、中卫市中宁县宁安镇、青铜峡市区、石嘴山市区和石嘴山市平罗县城关。这一类与第二小类又有很紧密的联系，是三个单音节字调的格局：高降—高平—纯低调。上声和阳平是高降，阴平是高平，去声为纯低调。与上一小类相比，阳平的调位特征发生了变化，变成高降，没有了"低 [underspecified]"的特征，只有去声作为"纯低调"与其他三类形成高低对立。

银川市的方言也可以归入上面第二类的第三小类中，因为它的去声也是纯低调。不同的是，阳平与上声虽然同为高降调，但是并没有完全合并。阴平是个低平调，有"低 [underspecified]"的特征，可是与纯低调的去声也没有合并。去声的调形变体有低升调和两折调，阴平与去声处于声调格局中比较低的位置，阳平和上声处于高位。银川话与其他方言点的声调格局都不一样，形成了四个单音节字调的对立。有两个降调的区别（阳平 VS 上声）主要在于高低的区别，调头调尾的高低都呈现出平行的状态。至于是否需要再引入这样一个调位特征，需要从整个方言片的声调格局来考虑，也要考虑发音人的听辨部分。

第三类只有吴忠市同心县丁塘镇一个方言点，是一个三音节字调格局：高平—高降—纯低调。之所以将它单独分类，是因为他的纯低调是阳平和上声。去声高降，阴平高平。

三、新疆昌吉

昌吉市的声调只有两类（见表 4-4），木垒、奇台和哈密是一类，昌吉是一类。两类都是"高平—高降—纯低调"的对立格局。不同的是木垒、奇台和哈密的阳平和上声同时具有 [+H_head] 和 [–H_tail] 的特征，形成高降调，二者合并。阴平是高平调，去声是纯低调，调形为低凹调，或者嘎裂凹调。昌吉市的声调只有上声具有 [+H_head] 和 [–H_tail] 的特征形成高降，去声高平，阴平和阳平为纯低调，调形为两折调。

表4-4　昌吉几种声调格局的调位特征

类别	调类调值		[UNDSPC]	[Hhead]	[Htail]	[DCT]	[Strt]
I	1a	{44}	−	+	+	−	+
	1b	{52}	−	+	−	−	+
	T2	{52}	−	+	−	−	+
	T3	{323}/{303}	+	−	−	−	−
II	1a	{3242}	+	−	−	+	−
	1b	{3242}	+	−	−	+	−
	T2	{52}	−	+	−	−	+
	T3	{55}	−	+	+	−	+

四、甘肃临夏

以甘肃临夏为中心的 16 个方言点，按照单字调格局将其分为 3 类：4 个单音节字调、3 个单音节字调和 2 个单音节字调。本节从调位特征的角度将其分为五类。

第一类是临夏市临夏县莲花镇和永靖县三垣镇的两位发音人，他们的单音节字调的调位特征有如下特点：去声没有纯低调 [+underspecified] 这个调位特征；阴平在两个点的表现不一样，三垣镇的阴平是个高平调，没有纯低调 [+underspecified] 的调位特征，莲花镇的阴平是个低平调，有纯低调 [+underspecified] 的调位特征；上声是一个纯低调，有 [+underspecified] 的调位特征，调形不是很重要，有几个变体形式——低降、低平、两折调；阳平是两折调，比较低，有 [+underspecified] 的调位特征，上声两折调的变体就与阳平的两折调合并。另外，莲花镇的阴平因为有 [+underspecified] 的调位特征，虽然声调拱形与阳平的两折调不一样，但是有了合并的趋势。这一点在第二类王闵家发音人的声调格局中就体现出来了。

第二类是临夏市王闵家的发音人，与第一类有相同之处的调位特征是去声没有 [+underspecified] 的调位特征，不是纯低调。阴平、阳平都是两折调，上声与莲花镇的发音人相似，一半例字是个降调，另一半例字是个两折调，这一半例字的两折调与同是两折调的阴平和阳平合并了，且上声的降调是低降，两折调的调形不辨义，两个调形都有 [+underspecified] 的调位特征。其阴平和阳平也属于纯低调的调型，再与第一类对比展开来看，莲花镇的阴平是低降，王闵家的阴平是两折调，但是他们两个阴平声调都有 [+underspecified] 的调位特征，目标诉求都是"低"，这样两个点的阴平调形，与两个点上声的两个调形一样，声调底层的目标点都是 [+underspecified] 的调位特征。因此，他们的的阴平、阳平和上声的变体就可能在某个点出现合并的现象。而上声的另一个调形也不会很稳定，因为他是个低降，有可能抬高与去声合并，或者再降低与平声合并。

第三类的调查点是临夏市临夏县马家堡、临夏市马家庄、临夏市八坊和临夏市市区，这三个点的声调格局就是第二类声调格局的进一步延续：已经形成明显的高低对立格局，阴平和阳平是纯低调，有不同的调形变体，凹升或者两折调，但是都有 [+underspecified] 的调位特征。上声选择了 [−underspecified]，丢掉了低调的变体，表现出来的是和去声一样的高降调。去声没有变化，始终没有 [+underspecified] 的调位特征。

第四类的调查点有永靖县刘家峡镇罗川村、永靖县西河镇白川村、永靖县岘垣镇城关和永靖县盐锅峡镇福子川村。同第三类一样，他们也形成高低对立的格局，不同的是，这里的上声选择了另一个调形，下降与两折调（或低凹调）重合，成为纯低调，与平声合并。只留下去声一个调是高降，拉开声调格局的空间。

第五类的调查点是永靖县刘家峡镇城关（2 人）、刘家峡镇大庄村、刘家峡镇下古城村、永靖县太极镇大川村（2 人）和永靖县盐锅峡镇上铨村（2 人）。这一类的单字调格局是三调的格局，但与第二类类似，形成了高低调对立的格局。阴平、阳平是纯低调，两折调的调形，已经合并。高调的部分有两个调，上声高降，去声高平。这两个调应该是上声抬高，从低降变为高降，然后去声进一步抬高，丢掉调尾的 [低] 的特征，称为高平。

从第一类到第五类，这个点的方言形成在一个演化的连续统上：所有的阴平和阳平同为纯低调（除了第一类里阴平还有一个高调／高平的变体，后面四类的平声都处于声调格局的低点）；去声始终都是高（降／平）调，没有纯低调的特征，处于声调格局的高点。上声有两个变体，一个是高调变体（高降或高平），一个是纯低调变体（两折调、低凹调）。当上声表现为高调变体的高平调时，就实现为三个调的格局（第五类）；当上声实现为高调变体的高降调时，就实现为两个调的格局（第三类）；当上声实现为纯低调的变体时，就实现为另一种两个调的格局（第四类）；或者上声保持两个变体，其中低调与平声合并，高调与去声合并，形成两个调（第二类）的格局；演化的起点（第一类），上声没有分裂出变体，是一个低降，阴平的低调变体也没有出现，表现出来的是一个高平、阳平两个调，去声高降调，形成了四个单字调的格局（见表4-5）。

表4-5　以临夏市为中心的几种声调格局的单字调调位特征

类别		调类调值	[UNDSPC]	[H$_{head}$]	[H$_{tail}$]	[DCT]	[Strt]
I	1a	{44}/{22}	–/+	+	+	–	+
	1b	{3232}	+	–	–	+	–
	T2	{322}/{22}/{3232}	+	–	–	–/+	+/–
	T3	{54}	–	+	–	–	+
II	1a	{3232}	+	–	–	+	–
	1b	{3232}	+	–	–	+	–
	T2	{53}/{54}/({3232})	–/+	+	–	–/+	+
	T3	{53}/{54}	–	+	–	–	+
III	1a	{23}/{3232}	+	–	–	+	–
	1b	{23}/{3232}	+	–	–	+	–
	T2	{43}/{42}	–	+	–	–	+
	T3	{54}/{52}	–	+	–	–	+
IV	1a	{3242}/{24}	+	–	+	+	–
	1b	{3242}/{24}	+	–	+	+	–
	T2	{3242}/{24}	+	–	+	+	–
	T3	{54}/{52}	–	+	–	–	+
V	1a	{3242}/{24}	+	–	–	+/–	–
	1b	{3242}/{24}	+	–	–	+/–	–
	T2	{54}/{52}	–	+	–	–	+
	T3	{55}	–	+	+	–	+

五、甘肃天水

以天水市为中心共调查了 24 位发音人，每人代表一个方言点，都属于中原官话，调位特征比较简单，共分为三类。

第一类分四个小类，都是"高平—高降—纯低调"的单字调格局。第一小类包括陇南文县、白银靖远县和白银平川区水泉镇。这一类阴平的调位特征是 [+H$_{head}$] 和 [−H$_{tail}$]，表现为高降，上声的调位特征为 [+H$_{head}$][+H$_{tail}$] 和 [+straight]，表现为高平，去声和阳平是 [+underspecified]，为纯低调。第二小类包括白银市会宁县、武威市庄浪县（武威市大部分地区都是兰银官话，庄浪县属于中原陇中官话区）大庄乡、平凉市静宁县余湾乡、定西市临洮县站滩乡、定西市通渭县华家岭、定西市渭源县汇川镇、天水市秦安县兴国镇、天水市清水县永清镇、天水市秦安县云山乡。去声的调位特征为 [+H$_{head}$][+H$_{tail}$] 和 [+straight]，表现为高平，上声的调位特征是 [+H$_{head}$] 和 [−H$_{tail}$]，表现为高降，阴平和阳平是 [+underspecified]，为纯低调。第三小类是白银市景泰龙湾村，上声与阴平具有 [+H$_{head}$][+H$_{tail}$] 和 [+straight] 的调位特征，表现为高平，阳平的调位特征是 [+H$_{head}$] 和 [−H$_{tail}$]，表现为高降，去声为纯低调。第四小类是白银市会宁县会师镇。上声具有 [+H$_{head}$][+H$_{tail}$] 和 [+straight] 的调位特征，表现为高平，去声的调位特征是 [+H$_{head}$] 和 [−H$_{tail}$]，表现为高降。阴平与阳平合并，为两折调，有纯低调的调位特征。虽然阴平阳平的高度在基频归一图上与上声近似，但他们是纯低调，上声则是高平调，也形成了"高平—高降—纯低调"的格局。

第二类是四个单字调的声调格局，包括天水市甘谷县大庄乡、天水市武山县洛门镇、定西市陇西县文峰镇、定西市陇西县福星镇、陇南市两当县城关、陇南市礼县洮坪乡、平凉市泾川县城关。这一类去声的调位特征为 [+H$_{head}$][+H$_{tail}$] 和 [+straight]，表现为高平，或者说是一个平调调形。上声的调位特征是 [+H$_{head}$] 和 [−H$_{tail}$]，表现为高降。这两点与第一类的第二小类一致。这一类的阳平虽然有 [+underspecified] 这个调位特征，但是同时又具有了 [+H$_{tail}$] 的特征，表现为升调。阴平是一个纯低调，具体的调形有低凹和低降两种。这几个点的阴平和阳平似乎正处在一个胶着期，阳平如果丢掉高调尾的特征，就会彻底成为纯低调，与阴平重合，如果调尾继续升高，就会丢掉纯低调的特征，整个声调格局就会成为一个四个单音节字调的格局。

第三类包括三个点。其中，庆阳市庆城县蔡口集乡和庆阳市环县罗山川乡的声调格局处于一个过渡带，基本形成"高—低"对立。阴平和上声的调位特征都是 [+H$_{head}$] 和 [−H$_{tail}$]，都表现为高降，二者没有合并，阴平调头略低。去声和阳平都有纯低调的调位特征，调形上有变化，庆城县的去声是个低平调，与阳平的低凹调没有完全重合，环县罗山川乡的去声与阳平调形都是两折调，已经合并。他们两个点也可以看作是声调合并的一个过渡带。

庆阳市宁县新庄镇的阳平与上声都有纯低调的调位特征，且都为两折调调形，二者合并。阴平为偏低的降调，有纯低调的调位特征，去声为凸降调。部分阳平字和上声字都分裂出一个高降调。这个声调格局与前面的方言点不一样，不是那种整齐的三声调格局，这个方言点的几个声调不是向四周发展，从而可以形成比较宽阔的格局空间，他们在整个格局的框架中更加趋于中间的位置，换句话说，就是调位特征都变得比较含混，这样的格局就非常容易形成调类的合并。例如，阴平如果进一步降低就可能与上声和阳平合并为纯低调，而去声和阳平与上声的变体就会抬高，形成"高—低"对立的两个单音节字调的格局。具体情况见表4-6。

表4-6　以天水市为中心的几种声调格局的调位特征

类别	调类调值		[UNDSPC]	[H$_{head}$]	[H$_{tail}$]	[DCT]	[Strt]
I	1a	{52}	−	+	−	−	+
	1b	{24}	+	−	−/+	−	−
	T2	{44}	−	+	+	−	+
	T3	{24}	+	−	−/+	−	−
II	1a	{323}/{3232}	+	−	−/+	−/+	−
	1b	{323}/{3232}	+	−	−/+	−/+	−
	T2	{52}	−	+	−	−	+
	T3	{44}/{55}	−	+	+	−	+
	1a	{33}	+	−	−	−	+
	1b	{52}	−	+	−	−	+
	T2	{33}	+	−	−	−	+

类别		调类调值	[UNDSPC]	[H_{head}]	[H_{tail}]	[DCT]	[Strt]
Ⅱ	T3	{323}	+	−	−	−	−
	1a	{3242}	+	−	−	+	−
	1b	{3242}	+	−	−	+	−
	T2	{33}	+	−	−	−	+
	T3	{52}	−	+	−	−	+
	1a	{30}/{303}	+	−/+	−	−/+	−
	1b	{324}/{3242}	+	−/+	−/+	−/+	−
	T2	{52}/{452}	−	+	−	−	+
	T3	{33}/{44}	−	+	+	−	−
Ⅲ	1a	{52}	−	+	−	−	+
	1b	{3242}	+	−/+	−/+	+	−
	T2	{54}	−	+	−	−	+
	T3	{33}/{3242}	+	−/+	−/+	+	−
	1a	{42}	−	+	−	−	+
	1b	{3242}	+	−/+	−/+	+	−
	T2	{3242}	+	−/+	−/+	+	−
	T3	{442}	−	−/+	−	−	−
	T2'	{52}	−	+	−	−	+

六、甘肃酒泉

酒泉市共有30个调查点，根据他们调尾特征的特点，将其分为两个大类，一类是去声为纯低调，另一类是上声为纯低调。

第一类分为两小类：第一小类包括酒泉市肃州总寨镇双闸村、肃州总寨镇双明村，酒泉市金塔县芨芨乡，酒泉市鼎新镇头分村、鼎新镇新民村，酒泉市肃州西峰乡，酒泉市肃州清水镇西湾村，酒泉市肃州区城关，酒泉市肃州区上坝镇上坝村，酒泉市瓜州县环城乡，武威市天祝县打柴沟，武威市古浪县谷丰乡，张掖市高台罗城乡盐池村，张掖市高台南华乡南寨子，张掖市临泽县城关，张掖市肃南县城关。这一类声调分高低两类，高调是高降（阳平或上声）或者高平（阴平或上声）；低调是纯低调（去声）。值得注意的是阴平，当它是高平时，就能够形成三个调的格局；而当阴平也降低，成为纯低调的时候，就逐渐形成两个声调的格局。上声是高降的时候和阳平合并，在声调格局中处于高调的位置，有时候上声成为低平（酒泉市肃州区总寨镇双闸村），就会和阴平，甚至去声合并，都是纯低调的调型。去声的表现形式有时候是低凹调，有时候是嘎裂凹调，有时候是低降，调形走向不同，但是声调的目标是相同的，都是一个调位特征 [+underspecified]。第二小类只有玉门市赤金镇西湖村的声调格局。这是一个过渡带，它的上声是个纯低调，去声分裂出两个调形，一个是纯低调，与上声重合；另一个是高降。阳平是高降，阴平是高平。但是阳平这个高降调的调尾很高，起点与去声降调的起点相同，终点接近阴平，这样就很容易和高平调的阴平重合。不同的是，阳平的调长较短，目前看是四个调的格局，但是阳平有和阴平合并的趋势，因为区别特征中，一个和去声相同，一个接近阴平。在西北官话这种以高低为主的声调格局中，很容易被合并。

第二类包括三个小类。第一小类调查点有酒泉市金塔县金塔镇、嘉峪关市、武威市民勤县泉山镇中营村、武威市民勤县薛百乡双楼村、武威市凉州区永昌镇下源村、金昌市永昌县红山窑乡姚家寨村。这一类的声调有两个高调，阴平和去声，一个高平，一个高降；两个低调，一个是上声，为纯低调，另一个是阳平，阳平有时候会表现为纯低调。例如，金塔县金塔镇的发音人、武威市凉州区永昌镇下源村的发音人和永昌县红山窑乡的发音人即是如此。但有时候就会表现为高升调，如嘉峪关市的发音人，武威市民勤的两个发音人。所以，这几个点的单字调格局都处于动态的变化之中。第二小类包括酒泉市肃州区清水镇中寨、肃州区下河清，张掖市民乐县顺化乡上天乐村、张掖市肃南县大河乡东岭村、张掖市肃南县大河乡县城和肃南县马蹄乡几个方言点。这个类别基本与第一小类一样，上声为纯低调，而且有很多调形的变体：折调、低凹调、低降等；阳平是一个高降调；去声是降调，但是会分化，如果是高降，就会和阳平重合，如果是低降，可能会和上声重合。张掖市肃南马蹄乡的一个发音人的声调格局就很有意思，她的上声分裂为两个调，一个变成高降与阳平重合，另一个变为低升，与此同时，去声成为纯低调低降，又形成了高低对立的声调格局。第三小类是金昌市永昌河西堡宗家庄村的发音人。这个发音人笔者调查了两次，一次是 2010 年，另一次是 2018 年。他的声调格局更进一步阐释了高低两个调类对的对立：去声是个高降，阴平、阳平、上声是升调。我们根据 2018 年调查的情况来对比，可以发现，阴平、阳平、上声的关键音位特征是 [underspecified]，因为 2010 年的调研没有显示出这个声调的后半部分，貌似是一个凸调，但是从两个语图的对比可以看出，拱形不是关键，关键是要和去声的高降相区别。由此，我们还可以看出，阴平分裂出一个低平的变体，我们这里暂且推断，这个低平的变体其实就是为了形成和去声对立的比较极端的表现形式。具体情况见表 4-7。

表 4-7　以酒泉市为中心的几种声调格局的单字调调位特征

类别		调类调值	[UNDSPC]	[H$_{head}$]	[H$_{tail}$]	[DCT]	[Strt]
I	1a	{33}/{44}/{55}	−	+	+	−	+
	1b	{53}/{52}	−	+	−	−	+
	T2	{554}/{44}/{52}	−	+	+/−	−	+
	T3	{323}/{303}/{32}	+	−	−	−	−/+
	1a	{55}	−	+	+	−	+
	1b	{54}	−	+	+	−	+
	T2	{3232}	+	−	−	+	−
	T3	{52}/{323}	−	+/−	−	−	+/−
	1a	{33}/{44}/{55}	−	+	+	−	+
	1b	{25}/{24}/{23}	−	−	+	−	+
	T2	{324}/{3242}	+	+/−	−	−/+	−
	T3	{52}	−	+	−	−	+
II	1a	{33}/{44}/{55}	−	+	+	−	+
	1b	{52}	−	+	−	−	+
	T2	{323}/{3232}/{32}/{23}	+	−	−	−/+	−
	T3	{52}/[42]/{32}	−/+	+	−	−	+
	1a	{25}/{253}/({22})	+	−	+/−	−	+
	1b	{25}/{253}	+	−	+/−	−	+
	T2	{25}/{253}	+	−	+/−	−	+
	T3	{52}	−	+	−	−	+

七、甘肃兰州

兰州的声调格局根据阴平的调形，分为两类："高平—高降—纯低调"和"高降—低降—纯低调"。根据前期的研究可知（衣莉等 2017），兰州话阴平的调形主要与发音人的年龄相关，平调调形主要在 40 岁以下的人群中出现，而降调调形则主要出现在 40 岁以上的人群中。需要注意的是，两个降调对立的人群中，出现一种亚型，即两个降调重合、合并（发音人西固区 WZC、西固区 CBZ、西固区 SMH 和西固区 SFY）。他们是否合并，这个现象可以用以往的研究文献来推测。笔者在第一章中提到，在以往对兰州话进行描写的文章中，阴平和阳平的调值会有完全相反的记录，也就是说，有人将阴平记作低降，有人将阴平记作高降，阳平也是如此，有高降和低降两种记录。由此可以看出，他们是低降还是高降其实都不确定，只有在一个声调格局内是有区别的。另外，上声与去声的合并（衣莉 2018）也因为他们都有纯低调的特征，所以在不同发音人那里实现的具体的调形走向对于语言的对立没有特别大的意义，有的发音人将这两个调发作凹调，有的发作两折调，有的为凸降，有的为低升。无论他们的调形怎么变化，彼此之间的交流没有任何障碍。可见，他们纯低调的特征是一致的，只要听者能够捕捉到"低 [underspecified]"的特征，具体的调形走向就不重要了。如表 4-8 所示，上声和去声的另外四个特征都不确定，可以是调头高、调尾低（两折调），可以是调头低、调尾高（升），可以是调头调尾都高（凹调），也可以调头调尾都低（凸调）。所以，我们得到一个结论，即上声和去声的调位特征中，纯低调的"低 [underspecified]"的特征才是交流的关键。同时，如果阴平和阳平两个降调的区别一旦变得模糊，就有可能进一步重合，从而形成两个单字调的格局。

表 4-8 兰州市的几种声调格局的调位特征

类别		调类调值	[UNDSPC]	[H_head]	[H_tail]	[DCT]	[Strt]
I	1a	{55}	–	+	+	–	+
	1b	{52}	–	+	–	–	+
	T2	{3232}/{323}/{23}	+	–/+	–/+	–/+	–/+
	T3	{3232}/{323}/{23}	+	–/+	–/+	–/+	–/+

续表

类别		调类调值	[UNDSPC]	[H_{head}]	[H_{tail}]	[DCT]	[Strt]
Ⅱ	1a	{42}/{52}	－	＋	－	－	＋
	1b	{52}	－	＋	－		＋
	T2	{3232}/{323}/{23}	＋	－/＋	－/＋	－/＋	－/＋
	T3	{3232}/{323}/{23}	＋	－/＋	－/＋	－/＋	－/＋

八、甘肃红古

以甘肃红古为调查中心，一共调查了20人，红古区12人、永登县7人、皋兰县1人。这个点所调查到的声调情况非常繁杂，大体上讲，可以分为三类。

第一类分为四小类。第一小类包括红古区窑街镇上窑村、下窑村及红古区海石湾镇的红山村三个点。这一类形成"高平—高降—纯低调"的三个单音节字调对立的格局。上声和去声合并，或者渐趋合并。这个声调格局与兰州话阴平为平调的格局一样。第二小类包括永登县城关镇，这一类形成"高平降—高直降—纯低调"的格局。这个点的方言与兰州话阴平为降调的格局类似。以上两类可以归入到兰州话的调类中去。第三小类包括红古区红古乡，这是一个过渡带，阴平没有变，还是高平，有 [H_{head}] 和 [H_{tail}] 的特征，上声发生变化，调头获得 [H_{head}] 的特征，变成高降；阳平和去声都获得 [underspecified] 的特征，成为纯低调，阳平是低升，去声是低平。阴平和去声都是平调调形，是否形成对立还不明确，但是可以肯定的是，去声以 [underspecified] 为主要调位特征，而阴平则不是。第四小类包括永登县河桥镇。其也是一个过渡带，阴平没有变，有 [H_{head}] 和 [H_{tail}] 的特征，上声除了调头有 [H_{head}] 的特征，调尾也有了 [H_{tail}] 的特征，变成一个高平调和阴平合并。阳平与第一、第二小类相同，还是高降。去声是个升调，调尾变高有 [H_{tail}] 的特征。这个小类没有纯低调，之所以归入第一类，是因为同样是三个单音节字调的缘故。

第二类分为五小类。第一小类是永登县连城镇，这个点与永登县河桥镇相似的地方是阴平、上声为高平，有 [H_{head}] 和 [H_{tail}] 的特征。区别是阳平和去声都变为纯低调，调形是低升和低凹，都是纯低调，不区别意义。形成了"高一低"对立的两个单音节字调的格局。第二小类包括红古区海石湾镇上海石村、下海石村、海石湾镇城关、海石湾镇龚家庄，红古区平安镇岗子村、平安镇夹滩区。这一类是比较典型的两个单音节字调的格局，"高—低"对立，阴平、阳平、去声都是 [+underspecified] 的调位特征，为纯低调，合为一个调类，调形有低升、低凹和两折调变体。只有上声有 [H] 的特征，为高调。第三小类包括红古区窑街镇上街村、永登县河桥镇、永登县城关镇。这一类也是"高—低"对立的格局，不同的是阴平和阳平有 [Hhead] 的特征，调形是高降调。上声与去声是 [+underspecified] 的调位特征，合并为纯低调。这个声调格局与兰州西固区的几位发音人（CBZ、QYZ、SFY、WZC、SMH）的单音节字调格局一样。第四小类只有永登县河桥镇发音人 LAX。去声为高降，有 [Hhead] 的特征，阴平、阳平、上声都是纯低调，调形是低平，形成"高—低"对立的声调格局。第五类是永登县河桥镇发音人 ZMS。这个发音人的声调有些复杂，仅从"高—低"对立看阴平是个高平调，有 [Hhead] 和 [Htail] 的特征。其上声和去声是低平调，阳平是低凹调，都有 [underspecified] 的调位特征，这样阴平与阳平、上声和去声三个调形成对立。从调形上看，阳平是凹调，阴平、上声和去声则是三个平调调形，又形成另一种对立。不过，结合第四小类来看，"高—低"的对立可能性更大，毕竟这两位发音人都是来自永登河桥镇，而且他们彼此也没有交流障碍。笔者推测，这种单音节字调的高低对立只是一个权宜之计，并不是语言的对立，因为在他们的自然语流中，单音节字调并不是最小的语言单位，这个局面需要详细考查其连字调或许能够找到答案。

第三类是皋兰县的声调格局。皋兰县的声调与早期对兰州话（见第一章）的记录很像，或许当时调查人记录的就是皋兰县的方言。阴平是低降，阳平是高降，对立很明显。上声是个凸降，去声是两折调，属于纯低调。上声虽然和去声有高低特征的对立，但是上声还有变体形式，说明上声的调位特征并不稳定。具体情况见表4-9。

表4-9　以红古为中心的几种声调格局的调位特征

类别		调类调值	[UNDSPC]	[Hhead]	[Htail]	[DCT]	[Strt]
I	1a	{55}	–	+	+	–	+
	1b	{52}	–	+	–	–	+
	T2	{3232}/{323}/{23}	+	–	–/+	–/+	–/+

类别		调类调值	[UNDSPC]	[H_head]	[H_tail]	[DCT]	[Strt]
I	T3	{3232}/{323}/{23}	+	–	–/+	–/+	–/+
	1a	{554}	–	+	+	–	+
	1b	{52}	–	+	–	–	+
	T2	{324}	+	–	–/+	–	–
	T3	{324}	+	–	–/+	–	–
	1a	{554}	–	+	+	–	+
	1b	{24}	+	–	+	–	–
	T2	{52}	–	+	–	–	+
	T3	{44}	–	+	+	–	+
	1a	{55}	–	+	+	–	+
	1b	{52}	–	+	–	–	+
	T2	{55}	–	+	+	–	+
	T3	{25}	–	–	+	–	–
II	1a	{55}	–	+	+	–	+
	1b	{24}	+	–	+	–	–
	T2	{55}	–	+	+	–	+
	T3	{324}	+	–	+	–	–
	1a	{25}/{325}/{3242}	+	–	–/+	–/+	–/+
	1b	{25}/{325}/{3242}	+	–	–/+	–/+	–/+
	T2	{55}/{554}	–	+	+	–	+
	T3	{25}/{325}/{3242}	+	–	–/+	–/+	–/+
	1a	{52}	–	+	–	–	+
	1b	{52}	–	+	–	–	+
	T2	{24}/{35}/{3242}	+	–	–/+	–/+	–/+
	T3	{24}/{35}/{3242}	+	–	–/+	–/+	–/+
	1a	{33}/{55}	–	+	+	–	+
	1b	{33}/{55}	–	+	+	–	+
	T2	{33}/{55}	–	+	+	–	+
	T3	{52}	–	+	–	–	+

类别		调类调值	[UNDSPC]	[H~head~]	[H~tail~]	[DCT]	[Strt]
Ⅱ	1a	{33}/{55}	–	+	+	–	+
	1b	{324}	+	+	+	–	–
	T2	{33}	+	+	+	–	+
	T3	{33}	+	+	+	–	+
Ⅲ	1a	{43}	–	–	–	–	–
	1b	{52}	–	+	–	–	+
	T2	{342}	–	–	–	–	–
	T3	{3242}	+	–	–	+	–

第三节　纯低调与调类合并

一、纯低调的定义

"纯低调"概念的确立是建立声调类型研究的首要条件（朱晓农 2012:1–16，2014:193–205；朱晓农、章婷、衣莉 2012:420–436）。在针对凹调的类型研究中，朱晓农、章婷和衣莉（2012:420–436）首次提出"纯低调"的概念。这个调型的声调调值和调形的拱形在区别语言意义，或者说在调位层面上不起作用，真正起区别作用的是一个"低"的抽象概念，这里的"低"与吴（Woo 1969）系统中的 L 不是一个概念。吴的"低"在语感上，或者声学层面可以测量出来，如降调被吴定义为 HL，调头的高和调尾的低是可以被感知，也可以被测量的。在调位特征中，降调调尾的低，被定义为 [–H~tail~]，此时声调曲线的基频的确出现了从高到低的变化，这一点从声调的基频归一图上一目了然。但是纯低调的低则不是那么容易捕捉到，其具体的表现更加"不易被觉察"。具体来讲，纯低调有两个特点：首先，声调的轨道走向在形成对立时，不具有首要的语言学意义。更准确地说，纯低调是指"低于明确调形的声调"，即"underspecified tone"；其次，纯低调在具体的实现过程中，会有多于一种方式来表现"低"这个目标。它可以由低的基频来实现，也可以由低的发声态来形成，如表现在低域中的嘎裂声。有时候它也会出现在中域，由低调型来实现，如低凹、低降、低平。一个方言点中的不同发音人可能会采用不同的方式来达到这个"低"的目标（tone target），从而形成因个体差异而出现的"个人言语方式"（idiolects），但是彼此并不会产生交流的障碍，因为声调的语言学目标是一致的。

由此来看，对于纯低调来说，调值本身的意义并不大，它的特点就是"低于固定调值描写的维度"。例如，说我们可以给兰州话的上声标注调值为 {3232} 或者 {323}，但是现实中不同的发音人会将这个调发作 {23}，{22}，{3231}，{324}，甚至 {232}，此处所有语音实现的调值只是因个人风格不同而形成的变体（idiolects），没有形成语言对立，彼此之间的交流也没有障碍。在音位学的研究中，这种现象就被称为是"音位变体"。一般的调位变体，如平调调型 /55/ 的调位变体可能是 {554}、{44} 等，声学测试和听感上的差距还不是特别大，这也符合对"变体"的定义（Heyes 2009:24-25）。但是纯低调的调位变体差距就非常大。朱晓农（2014:193-205）将这个调类的调值定为常域 /22/，低域 /11/，变体形式包括常域的 {23}、{323}、{3232}、{32}，低域的 {30}、{303} 等。这一点也可以从以往文献中对兰州话上声纷繁多样的描写中窥见一斑。笔者将纯低调的调位特征（tonal feature）定义为 [+underspecified]。在进行方言调查时，区别调类（调型）可以先将声调分为两类：一是声调拱形没有区别意义，只以目标"低"为调位的抽象区别特征；二是声调拱形有区别意义，可以分为平调、降调、凹调，等等。目前，还有一个难以解决的问题是，纯低调的调位变体与其他调类的声调拱形会有重合的地方。例如，凹调和两折调，在有的方言中（如兰州话的上声和去声），就是纯低调的调位变体，没有辨义的作用。但是在有的方言中（如湖南茶陵），两折调（阴平）与后凹调（阳平）和低凹调（阳去）就会形成对立（朱晓农、章婷、衣莉 2012:420-436）。所以，我们在定义纯低调时，"低"强调的一是"低于具体的调形标准"，二才是以不同的表现形式来实现声调目标的"低"。

二、纯低调在方言中的表现

调形的不确定性。纯低调的语音实现（phonetic realization）是多样的，我们在前面说过，尽管纯低调也会实现为不同的拱形，但声调的拱形对于纯低调来说不是最重要的，拱形的实现也是不确定的。但是，需要注意的是，尽管拱形不确定，但有一点非常明确，即纯低调绝对不可能实现为高调，如高降、高平和调尾很高的升调等，因为这些调类的语音目标都是声调格局的"高点"。我们不妨用声调的格局区域来限定纯低调：如果语音实现目标在声调格局的高位时，就因各种拱形而定义，如果在声调格局的低位时，拱形就不再扮演重要角色。这一点在语音学上也能找到依据，即如果语音基频比较低，或者调域比较低的时候，想用声带表现出鲜明特色的拱形就不是那么容易的了。此处，我们以宁夏固原话的阴平为例，看一下纯低调不同的语音变体形式。如图 4-1 所示，固原话的阴平分别实现为嘎裂凹调（泾源县大湾乡）、低降（泾源县香水镇、彭阳县城关、隆德县城关）、低凹调（彭阳县城关、彭阳县草庙乡）、两折调（原州区、西吉火石寨乡）。这几处的阳平大多时候都是升调，如果阳平的表现形式含糊，如固原市原州区的发音人和西吉火石寨乡的发音人，他们的阳平升调调形因为调尾的高点不明确，听上去就和阴平非常接近，这一点在基频归一图上也能看出来。不过，尽管阴平和阳平的声调拱形非常接近，但是都可以听出阳平比较高，而且阳平的声调拱形一直很稳定，都是凹升，在基频曲线 20% 左右出现折点。这给了我们一个线索，即调类的合并首先是从调形表现的含糊开始的。其他几个点阳平的升调调尾的高点很明确时，两个调的差别就一目了然。固原的上声是高降，去声是高平，都处于声调格局的高处，声调拱形非常鲜明。

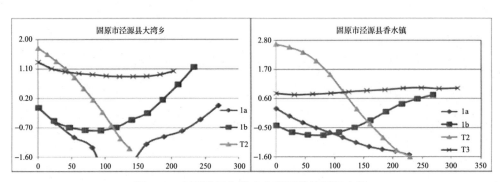

图 4-1　宁夏固原市发音人阴平的纯低调变体

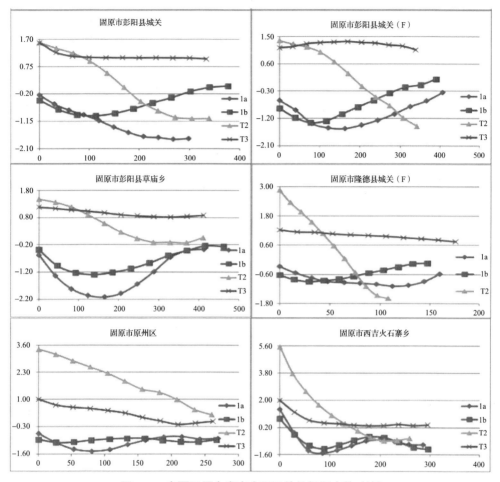

图 4-1 宁夏固原市发音人阴平的纯低调变体（续）

声调目标在低点的表现形式。纯低调的声调目标在低点的表现形式主要有两个方面：一是各种轨道走向的低调调形，如低平、低降、低凹等。调形决定的纯低调最典型的就是北京话的"上声"。北京话上声有低凹、低降、低平及其他语音变体。北京话上声用五度制被标为 [214]，但是赵元任（Chao 1933）很早便提出了"半上"的概念，认为他是低降 [21] 或低平 [11]。王力（1979）认为他"基本上是个低平调，调头的降、调尾的升，都是次要的"。更有甚者，很多北京人发成基频断裂的嘎裂声。其实这各种记音，[214][21][11] 等，都是纯低调这个调类的语音变体。同样的例子见于闽东福清话的阴去。其一般被描写为低降 [21]

（冯爱珍1993），但语音实现也是多种多样，还有低凹 [312] 和带降调头的低平 [211]。困惑学界多年的广州话、香港话的阳平，天津话的阴平，到底应该标为低平 [11]，还是低降 [21]？其实两者都不重要，重要的是一个 [低] 字。

此处，我们再拿西北官话中的例子进一步了解一下纯低调多样的调形变体。图4–2有青海乐都的阴平和阳平，都是纯低调，分别实现为低凹调和低两折调。青海循化、西宁、门源的阳平和去声，分别实现为低凹、低升和低平。甘肃永靖罗家川、岘垣镇、河西镇和盐锅峡镇的阴平、阳平和上声都实现为低升，但是高低有差别。酒泉肃州的去声分别实现为低凹、低降、低平。从上面这几个例子看，所有的纯低调都是在尽量寻找声调格局中的"低"点，由此调形就显得不是那么重要，因此有时候声调的拱形会和别的处在声调格局低位的调类很接近，进而发生重合，如固原的阴平和阳平。阳平是寻找声调轨迹的高点，但是一旦放弃寻找高点的时候，就很容易和阴平调合并。所以，这一类纯低调依靠低的调形来实现。

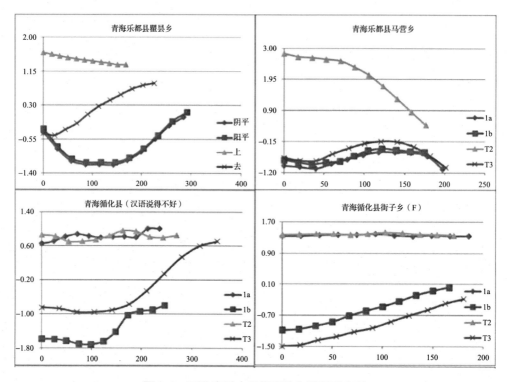

图 4–2　西北官话中纯低调的多样调形实现

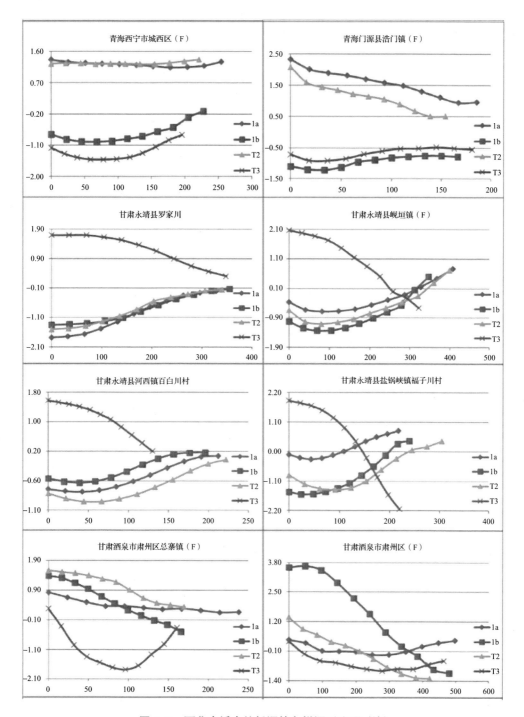

图 4-2　西北官话中纯低调的多样调形实现（续）

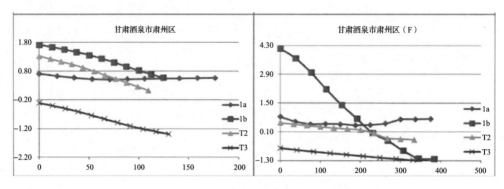

图 4-2 西北官话中纯低调的多样调形实现（续）

　　纯低调除了调形的"低"，还可以通过发声态来实现调域的"低"。为了更好地理解这一点，我们看一下中原秦陇和中原关中话当中降调的对立。中原秦陇和中原关中片都出现了两个降调的对立，一个高降（上声），一个低降（阴平）。在笔者调查到的关中方言里，阴平字都带有不同程度的嘎裂声，其中咸阳话阴平字 100% 都带嘎裂声，蓝田话的阴平字大部分带有嘎裂声。大多数字是在声调结尾最低的部分出现嘎裂，还有的字在声调一开始就出现嘎裂，导致整个基频断裂，虽然听感上是一个降调，但是基频曲线已经无法展现声调的拱形。图 4-3 所示的咸阳与华阴方言阴平字的基频曲线。

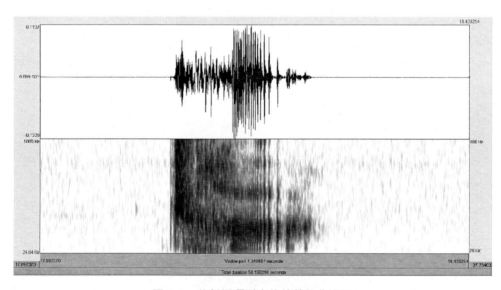

图 4-3 纯低调嘎裂变体的基频曲线图

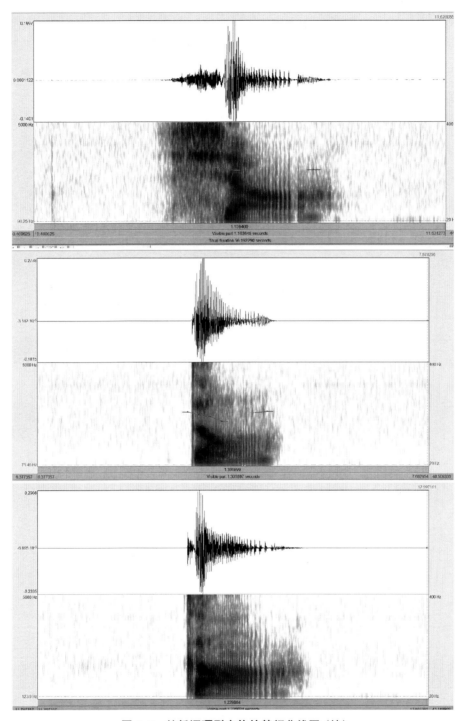

图 4-3 纯低调嘎裂变体的基频曲线图（续）

注：依次为咸阳话"超"、咸阳话"乡"、咸阳话"灯"、华阴话"刚"

此外，陕西南部的西南官话中普遍存在两个凹调的对立：一个低凹（上声），一个嘎裂凹（去声）。安康旬阳话的对立出现在阳平（嘎裂凹）和去声（低凹）之间；石泉话为阴平（低凹）对立去声（嘎裂凹）。笔者在做听辨验证的时候，让石泉的发音人区别阴平的低凹与去声的凹调，他先是辨别出两者的不同，之后又特意用嘎裂嗓音发出去声，说"这几个字要这样读"。如果我们考虑到发声态的概念，石泉的阴平调和中原关中的低降调应该是一个调类：纯低调 /21/，这个调是通过调域的变化体现出来的。具体的声调拱形在这里不是最重要的，最重要的是要寻找一个语言学意义的目标"低"。这一点在甘谷和陇南的阴平中也可以体现出来，甘谷的阴平是一个低凹调，陇南是一个低降调，但是毫无例外地都在最低点出现嘎裂声（见表 4-10、表 4-11）。

表 4-10　低降（纯低调）与高降的对立

地区	阴平调值	上声调值
陕西渭南	32	53
陕西西安	32	52
陕西咸阳	32	52
陕西宝鸡	32	52
陕西延安	32	52
陕西铜川	32	52
陕西蓝田	32	52
陕西华阴	32	52
宁夏固原	303	52
甘肃甘谷	303	52
甘肃平凉	32	52
甘肃陇南	32	53
甘肃庆阳	32	52
甘肃定西	32	52

表 4-11　嘎裂凹调（纯低调）与凹调的对立

地区	嘎裂凹调	低凹调
陕西安康	阳平 {202}	去声 {323}
陕西石泉	去声 {202}	阴平 {323}
汉中勉县	去声 {303}	上声 {435}

综上所述，不管是通过调形的"低"表现出来，还是通过调域的"低"体现出来，相同点是具体的声调拱形在这里都不重要，最重要的是能够在一个方言的声调格局中处于"低"位，从而能够和方言中其他的调类形成高低的对立。

三、纯低调与调类合并

曹志耘（1998b:89-99）认为汉语方言调类的合并一般都是以调值或调型的相似和接近为条件的，特别是自身语音系统的变化导致的声调演变。笔者认为，调类的合并有时候是从调值或者调形变得含糊开始的，纯低调导致的调类合并就属于这一类。开始的时候，两个调类的调形是不一样的，但是当两个调类的调位特征都具有了纯低调 [underspecified] 的特征后，调形的走向就不是那么重要了，只有一个关键点，即处于声调格局中的"低"处。主要有以下两个特点：一是方言人之间会形成有个人特色的声调调形（idiolect），但是彼此之间的交流一定没有障碍；二是方言人在自己的声调格局内部会形成不同的调形走向，也就是调位变体。西北官话中的很多声调调类的合并就属于这一点。本节将以兰州话上声和去声的调类合并为例，进行详细阐释。

兰州话上声和去声的渐趋合并就属于自身语音系统变化而导致的音变声调演化。衣莉（2014）最先观察到以往文献中对兰州话上声的描写分歧很大，有平调 [33、44]、降调 [42、442、332]、还有升调 [23，35]，之后她尝试用声学软件 praat 分析《兰州话音档》（王森、赵小刚 1997）中"上声"的语音材料，发现上声的声调调形走向包括平调、凸调、凹升调和两折调等多个调位变体（衣莉 2014）。有鉴于此，衣莉等（2017）针对兰州城关四区进行了深入的调查，共调查了 34 位发音人。调查的分析数据显示，兰州话上声和去声虽然因个体差异有不同的调形变体，但是具体到每个发音人内部的声调结构，上声和去声基本都呈现调形曲线（contour）走向一致平行甚至重合的情况。

如图 4-4 所示，上声和去声明显调型不同的有 11 人（CCY、CHL、CWM、CXM、XGF、ZZY、HGZ、XXY、CSW、HW、ZDD），完全重合或者几乎完全重合的有 6 人（CSC、XN、SFY、YL、GTP、SMH），还有 15 人（GYM、SL、CHLL、PLP、CXH、WXH、QYZ、QY、CBZ、YL、ZZ、ZMG、WZC、CYX、LX）上声和去声呈现调型走向一致、但高低有差异且基频曲线呈现平行分布的状态。

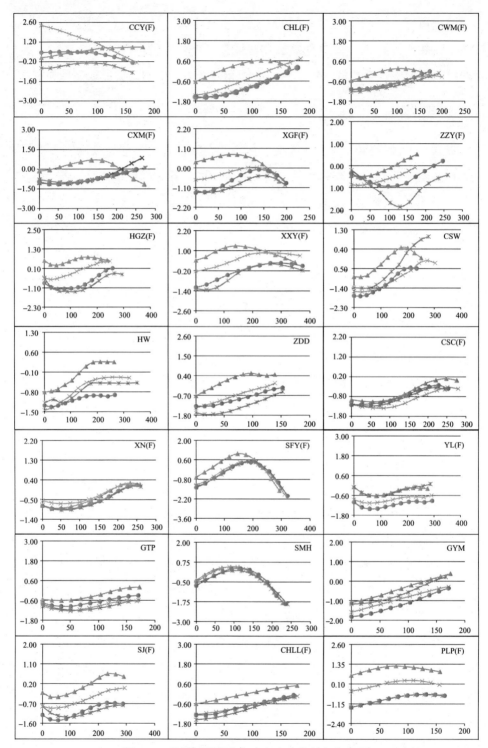

图 4-4　兰州话发音人上声和去声的基频归一图

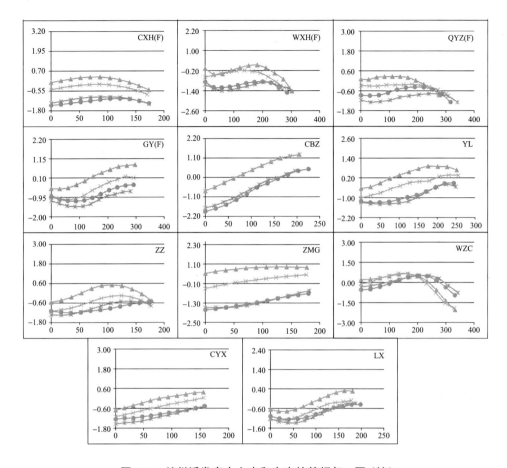

图 4-4　兰州话发音人上声和去声的基频归一图（续）

从图 4-4 的基频数据归一图可以看出，除了完全重合的情况，上声 2a 总是要比 2b 和去声 T3 高。我们接下来又针对这两个调做了听辨实验来辨别出到底这个高度在兰州话里面是不是还有语言学最小对的听辨意义。

为了检验上声和去声是否合并，我们设计了听辨实验。实验的听辨材料来自本研究前期录制的发音人材料，共选了 5 个人的材料（3 名男性，2 名女性），将他们的录音材料剪切重新编辑，挑出声母和韵母完全相同的上声字与去声字 13 对，另外加上一些迷惑项，即声母和韵母完全相同，只有声调归类不同的字，要么都是去声字，要么都是上声字（见表 4-12，最下面两排是用来迷惑的讹字）。这些字的加入是不想让听辨人猜出实验的目的。15 名听辨人（3 名女性，12 名男性）都是兰州本地人，母语都是兰州话。我们将表

4-12 里面的字打乱，然后让听辨人听录音，并勾选出他们认为是正确的字。如果他们认为有可能两个字都可以，就都打勾，如果认为两个字都不对，就都打圈。

表4-12　上声与去声听辨字表

2a	懂	等	粉	岛	响	底				
3a	冻	凳	粪	到	向	帝	霸	妒		
2b	动	马	痒	舅	买	弟	罢		是	士
3b	洞	骂	样	旧	卖	第		渡		

做统计时，将最下面两排的结果剔除。左 15 名听辨人中，因为时间关系，只听辨了 3 个人的录音材料，没有听辨另外 2 个人的录音材料。统计的时候，如果听辨人在两个答案下都打勾或者都打圈，就将他们的答案归为没有听辨出来。最后结果是总共听辨 1539 次，有 856 次选项是正确的，正确率是 56%。仅从这个正确率来看，基本可以推断两个调类已经合并，因为纯粹依靠猜测的结果也可以达到一半的正确率。但是还要进一步观察，我们发现有些字的分辨正确率要远远高于其他的字（如图 4-5 右），或者可以说：上声和去声的单字调都已经合并，只是还存在一些字有比较明显的区别。

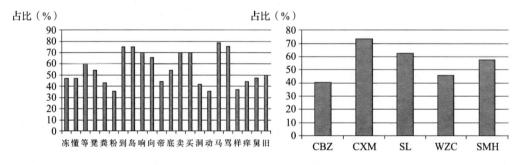

图4-5　每个例字听辨的正确百分比（左）和每个发音人的正确百分比（右）

如图 4-5（左）所示，岛 / 到，响 / 向，买 / 卖，马 / 骂的分辨正确率都在 70% 左右，但是其他大多数字的分辨率都在 50% 以下。另外，不同发音人的语音材料被分辨的正确率也有比较大的差异，如图 4-5（右）所示，CXM 发音材料被听辨的正确分辨率有 74%，SL 有 63%，而 CBZ 只有 40%，WZC 是 46%，也不足一半。

CXM 和 SL 都是女性发音人，CXM 40 岁，SL 45 岁，分别是安宁区的发音人和城关区的发音人，她们的阴平都是平调调形。笔者在给 CXM 录音收集数据的时候，她就声称上声字和去声字是有区别的，但是给 SL 录音时，她自己说这二者没有区别。另外三个发音人（CBZ、WZC、SMH）都是男性，并且都在 50 岁以上，他们的阴平都是降调调形。笔者初步认定他们属于老派的发音人。他们自己在录音时都声称上声和去声没有区别。还有一个值得一提的男性发音人 YL，他和女性发音人 CXM 是同事，都是兰州市城关区雁滩乡一带的人。在录音的过程中他和 CXM 产生争执，他执意认为上声和去声两个调完全没有区别，听辨的时候，他也没有区别。我们从图 4-4 的基频归一图可以看出，YL（M）的上声 2a 和其他三条曲线调形是一致的，只是有高低的差异。

综上所述，根据兰州话上声和去声的合并情况，可以进一步证实纯低调的特点，即纯低调的调形走向并不是主要的调位特征，主要的调位特征一是"低"，二是调形的差异不辨义。此外，兰州话的上声与去声之所以能够合并，与兰州话声调的演变有很大关系。衣莉等（2017:81-88）探讨了兰州话阴平的演变，指出其已经渐渐从一个高降调演变成一个高平调。从调位特征来讲，兰州话阴平的实现目标是"高"，所以幼儿在习得这个语言的过程中，得先识别出这个调的目标点——"高点"，这个点有可能会实现为"高降"，如果后半部分的调尾识别不全，就有可能实现为"高平"，加上连字调中阴平调的变调情况，单音节字调从高降变为高平就很自然。与此同时，原本处于声调格局比较高的位置的上声（原来对上声的记载有高平调 [44]，还有升调 [35]）就会和同为"高平调"的新"阴平"调形成声调格局的冲突，而为了形成比较大的声调格局空间，上声开始寻找声调轨迹上的低点来做目标点，从而渐渐和原本就是低点的去声形成相同的调位特征，进而渐趋合并。这也可以解释为什么发音人的上声和去声渐渐重合、合并，但是他们之间却存在比较明显的变体，有低凹、低平和低拱几种不同的调形轨迹。

在笔者调查到的西北官话中，因为具有纯低调的调位特征而出现声调合并现象或者渐趋合并现象的方言点很多，可以分为几类：1）阴平和阳平为纯低调合并的，有青海乐都瞿昙乡、甘肃临夏市临夏县（莲花镇、闵家镇、马家堡、马家庄)、临夏市、永靖县(刘家峡镇大庄村、下古城村、太极镇和盐锅峡镇上铨村)、白银市会宁县、武威市庄浪县大庄村、平凉市静宁县余湾乡、定西市(临洮县站滩乡、通渭县华家岭、渭源县汇川镇大庄村)、天水市(秦安、清水)、宁夏固原市;2)上声和去声为纯低调合并的,有兰州市和永登县(河桥镇、城关镇);3)阳平和去声为纯低调合并的,有青海循化、大通、西宁、门源、互助、化隆、湟源、湟中、祁连、乌兰、兴海和都兰,宁夏吴忠市(红寺堡、盐池县王乐井乡)和中卫市海原(菖川村、西安镇、关桥乡、海城镇);4)阴平、阳平和去声都为纯低调合并的,有青海乐都马营乡、甘肃兰州红古区(海石湾镇、平安镇);5)阴平、阳平和去声都为纯低调合并的,有甘肃永靖县(罗家川、岘垣镇、河西镇白川村、盐锅峡镇福子川村)。

与此同时,在一个方言的声调格局中,同时处于高位的两个调也可能发生合并。这一类的合并符合曹志耘的观点,是由于调型接近而产生的合并。在所调查的西北官话中有以下几类:1)阴平和上声的合并,有青海循化、大通、西宁、门源、互助、化隆、湟源、湟中、祁连、乌兰、兴海、都兰,宁夏吴忠市红寺堡,甘肃永登县连城镇、永登县河桥镇;2)上声和去声的合并,有甘肃临夏市临夏县(马家堡、马家庄)、临夏市八坊、临夏市城关;3)阳平和上声的合并,有甘肃酒泉市金塔县鼎新镇、酒泉市肃州区西峰乡、酒泉市清水镇西湾村、武威市天祝县打柴沟、张掖市临泽县城关、张掖市肃南县城关,宁夏吴忠市同心县豫海镇、同心县石狮镇、同心县河西镇、中卫市沙坡头区、中卫市中宁县、青铜峡市、石嘴山市、石嘴山市平罗县,新疆昌吉木垒和昌吉奇台;4)阴平和阳平合并,有兰州市西固区部分老年发音人和永登县城关镇发音人FSL。

值得注意的是,同时处于声调格局的"高位"并不是声调合并的充分条件,因为处于高位的声调,主要是通过不同的调形为主要辨义的调位特征,所以处于高位的声调可以是高平、高降和高升。这一点和同时处于低位的纯低调是不同的。

第四节 声调演化与调类合并:兼论西北官话的两个单字调方言

本书共调查了149个方言点的西北官话。从分布上看,以兰州为中心,兰州以西，甘肃与青海交界地带，以及青海北部汉语方言区的地带大多为两个单音节字调的格局。兰州以东及宁夏境内的西北官话方言点大多为三个单音节字调的格局。再沿着这个范围往东、往西，都是四个单音节字调的格局。整体上形成一个类似于马鞍形的分布格局，兰州、永登、红古、西宁就处于这个"马鞍"的最窄处，在兰州附近出现的几个方言点，都有声调格局含混、不明确的情况。例如，民和县隆治乡桥头村，与兰州红古交界，就出现四个升调调形的格局，而且升调的高低并不固定。也就是说，这几个调类也许正处于合并的过程中。本节将对上述方言点做进一步的归纳，对几种声调格局的特点和分布一一陈述，并试图找出他们之间的承继和演化关系。

一、两个单音节字调

两个单音节字调的方言点如果以村为单位，共有 43 个。这 43 个点的声调格局可以分为三类：即阴平与阳平形成对立；阴平与上声形成对立；阴平与去声形成对立（见表 4-13）。

第一类的对立中，又分为两个小类。一类是上声与去声都归入阴平；另一类是上声归入阴平，去声归入阳平。

第二类也分为两小类。一类是阴平与阳平合并，上声与去声合并；另一类是阳平和去声都归入阴平。

第三类是阳平上声都归入了阴平。

表 4-13　两个单音节字调的对立种类

类别	T1a	T1b	T2	T3
I	平	升	>1a	>1a
	平	升	>1a	>1b
	降	升	>1a	>1b
	降	两折	>1a	>1b
II	降	>1a	升 / 凸 / 凹	>2a
	降	>1a	升 / 两折	>2a
	两折	>1a	降	>2a
	升	>1a	平 / 平降 / 降	>1a

续表

类别	T1a	T1b	T2	T3
II	两折	>1a	降	>1a
	两折/升	>1a	降	>1a
III	平	>1a	>1a	降
	两折/凹升	>1a	>1a	降

接下来我们再看一下当只有两个单字调的时候，声调调形的对立有什么特点。如图 4-6 所示，我们以阴平的调形为主，当阴平为平调调形时，对立的调形有降调和升调两种；当阴平为降调调形时，对立的调形有升调、凹调和两折调。这里需要再次重申一下，升调、凹调和两折调都是凹调这个连续统上的不同变体形式（朱晓农、章婷、衣莉 2012:420-436），所以都可以看作是凹调；当阴平为凹调时（升调/凹调/两折调），对立的调形为降调。

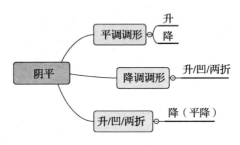

图 4-6　两个单音节字调的调形对立

再进一步精简，我们会看到对立的方式主要有三种：

平 VS 凹

平 VS 降

降 VS 凹

平、降和凹在三种对立中各出现两次，说明彼此的重要性相当，但是我们在三种对立中看，平与降的对立和平与凹的对立都属于"高—低"的对立，平和降的对立虽然都是高调的对立（降调也是高降，有高的特征），但是调尾出现了高低的对立。从第三章的描写中，根据"普适调型库"中的类别，出现在调

查点的平调、降调和升调都是中域的调类。平调的调值大多为 {55/44}，降调
的调值为 {52/42}，升调为中域的高升，调值为 {25/24}，凹调有中域的低凹调
{323}，也有低域的嘎裂凹 {303}，两折调为中域调 {3232}。

如果从调位特征的角度看（见表 4-14），平调与降调形成对立时，对立的
特征只有一组，即调尾的高低；平调与升调形成对立的时候，也是只有一组
对立特征，即调头的高低；平调与凹调的对立也是一组对立特征，从表 4-14
看是特征 [Strt]，即调的中间位置的高低对立。所以平调与降调、凹调和升调
的对立，简而言之就是一个声调分别在后段、中段和前段三个位置上高低的
对立。

降调与升调的对立有两组，调头的高低与调尾的高低。降调与凹调的对
立是在调中与调尾形成的两组高低对立。两折调与凹调没有形成对立，也没有
同时出现在一个方言中，所以两折调在此处仅仅被看作是凹调的一个变体，声
调调形中的最后一折没有语言学的意义。在两个单音节字调的方言中，目前
还没有升调、凹调、两折调形成对立的情况。综上所述，两个单音节字调的
对立其实就是高低的对立，区别就是形成一组高低对立，还是形成两组高低
对立。

表 4-14　两个单字调调形的调位特征

调形	[H_{head}]	[H_{tail}]	[Strt]
平	+	+	+
降	+	−	+
升	−	+	+
凹 / 两折	+	+	−

这种"高低"的对立在语流中其实是很难找到每个音节上承载的调位的，
因为在整个语流当中，只有高低两个调这种情况，就会产生声调和语调重合，
达不到辨义的效果。朱晓农、衣莉（2015）在前期的调研中发现红古一名发音
人的连字调有三个调形存在，尽管单字调只有两个调型，因此还有待进一步对
连字调考察研究才能得到更好的解释。

二、三个单音节字调的特点及分布

三个单音节字调的方言点共有 56 个，有些方言点与两个单音节字调的方言点有重合的地带，如兰州市西固区、兰州市永登县河桥镇、兰州市红古乡。我们将三个单音节字调的方言点按照对立的调类大致分为三类：阴平、阳平、上声对立；阴平、阳平、去声对立；阴平、上声、去声对立（见表 4-15）。

表 4-15　三个单音节字调对立的种类

类别	T1a	T1b	T2a	T3
I	平	升	降	>1a
	平	升	降	>1b
	降	升	平	>1b
	平	降	升 / 凹 / 两折	>2a
	降	降	升 / 凹 / 两折	>2a
II	平	升	>1a	凹
	平	升	>1a	降
	平	降	>1a	升
	平	降	>1a	凹
	平	升	>1b	降
	平	降	>1b	升
	降	两折	>1b	平
III	凹	>1a	降	升
	升	>1a	低降 / 降	高降 / 平
	凹 / 两折	>1a	低降 / 降	高降 / 平
	两折	>1a	平	降

第一类又按照去声归并的不同可以分为三个小类：去声归入阴平；去声归入阳平；去声归入上声。

第二类按照上声归并的不同可以分为两小类：上声归入阴平；上声归入阳平。

第三类只有一类，阳平归入阴平。

当形成三个声调的对立时，调形主要有以下几种对立形式：平调调形和降调调形与一个升调或者凹调或者两折调（或者简而言之是一个凹调）形成对立；两个降调（一个高降、一个低降）与一个升调或者凹调或者两折调形成对立；降调调形和升调调形与一个凹调形成对立。如上文所述，两折调与凹调在这些方言点中没有同时出现在任何一个方言中，不形成对立。所以，两折调仅仅是凹调的一个变体形式，可能是声调的变体，也可能是发音人的个体差异形成的变体。

平 VS 降 VS 凹

降 VS 降 VS 凹

降 VS 升 VS 凹

从这个对立的情况来看，如果要形成三个调的对立，"凹调"是不可少的。结合上面两个单音节字调的对立来看，处于声调空间比较高的位置的对立不足以形成三重对立，但是当形成这种最基本、最简洁的对立时，处于声调空间低位的声调类别不用超过一个，所以在西北三声调方言中的凹调不会和两折调形成对立（如茶陵），也不会形成陕西南部方言两个凹调的对立（如石泉的低凹 VS 嘎裂凹）。如果再从调位特征的角度看（见表4-16），会发现三重对立中的第一类对立所需要的调类特征与两重对立的调类特征相比只增加了一组特征。平调与降调／升调的对立与二重对立没有区别，只需要一组特征就能辨义。但是加上凹调，就需要在一个格局之内增加一个特征 [Strt]。尽管如前文所述，平调与凹调的区别主要是调中部分的高低，但是无论是降调还是升调，调中部分的高低都是 [非高非低]，这样反而显得冗余。所以，我们只引用一个调形曲直的特征 [Strt]。

第二类的对立中出现了两个降调，无论是高降还是低降与升调的对立都只需要一组调类特征，两个降调之间的对立也只是调头的高低区别。但是在与凹调的对立中，高降与凹调有两组对立，低降与凹调有三组对立。这组对立和上文两个单音节字调的方言会形成承继关系，即演化为降—升／凹／两折的两个单音节字调的对立模式。

第三类的对立与第一类很相像，每个调形与另一个调形之间的对立都是只需要一组调类特征。但是由于升调调形与凹调调形在形态上的承继关系，即他们本来是一个连续统中的两个变体形式，所以升调调形也很容易与凹调调形合并，继而演化为降—升／凹／两折的两个单音节字调的对立模式。

所以三重对立的声调格局中，只有第一类的格局相对稳定，因为区别特征简单而有效，不容易产生重合。我们可以预测一下产生声调重合的特征机理，当两个声调调形需要两个或者两个以上的对立时，习得的过程中就很容易漏掉其中一个次要的特征，例如需要时长才能保证的调尾的特征。具体来说，升调的调尾需要一个 [高] 的特征，但是如果时长不够，就可能会变成一个调头也低、调尾也低的纯低调。与此同时，凹调需要调中有一个 [低] 的特征，但是需要调尾有一个 [高] 的特征，如果时长不够，调尾很低，也会成为一个纯低调，这样就会造成声调的含混，继而出现错配，再之后就有可能和原本是升调的调类合并。

表 4–16　三个单音节字调调形的调位特征

调形	$[H_{head}]$	$[H_{tail}]$	$[Strt]$
平	+	+	+
高降	+	−	+
低降	−	−	+
升	−	+	+
凹／两折	+	+	−

三、四个单音节字调的特点及分布

在调查到的西北官话方言点中，四个单音节字调的种类有六种（见表 4–17），主要的特点是多个降调之间的对立。这大概有两方面的原因：一是在自然语流中，比较容易形成降调，语气的结束就是一个下降的语调；二是降调之间形成对立之后，辨识度还是比较明显（朱晓农 2012:1–16）。

表 4–17　四个单音节字调的种类

类别	T1a	T1b	T2a	T3
1	低降	高降	凸降	凹
2	平	低降	两折	高降
3	平	低降	高降	纯低调

类别	T1a	T1b	T2a	T3
4	平	升	高降	凸降
5	平	升	纯低调	高降
6	纯低调	升	高降	平

在目前笔者调查到的西北官话中，存在以下几种对立：

降 VS 降 VS 降 VS 凹 / 两折

降 VS 降 VS 平 VS 凹 / 两折

降 VS 降 VS 平 VS 升

降 VS 降 VS 平 VS 纯低调

降 VS 平 VS 升 VS 纯低调

从这个对立来看，进一步说明处于声调格局低位的凹调（纯低调）在形成声调对立时候的重要性。五种对立下，只有一组没有处于低位的调形，但是正如前文所述，升调也是一种凹调，处于一个变化的连续统之上，在这个连续统之上的一系列凹调（升、前凹、低凹、后凹、两折调）之间的区别只是量的区别，当量积累到一定程度就变成质的变化，而升调调形正是在这个连续统的起点。从另一个角度讲，如果这个声调格局中的升调再拐点的位置靠后一点，就可能变成前凹，或者低凹调，声调调形就可能会出现含混的情况，继而合并也就可能出现。

再从调位特征的角度来看各组的对立。第一类的三个降调对立中，高降与凸降需要两组特征，调头的高低，与声调的曲直。这里 [Strt] 这个特征是真实反映声调曲直的特征，而不再是如描写凹调的特征那样，既可以表明声调的曲直，也可以表明声调中部的高低。这是笔者采用这个特征的原因之一。低降与凸降的对立只需要 [Strt] 一个对立。而且在听感上，凸降的曲直是非常明显的，这应该是一个主要特征。我们甚至可以忽略它与高降对立时，调头的高低差别。三个降调与凹调 / 两折调形成对立时，主要区别特征也是 [Strt]，但是从听感上讲，凸降与凹调形成对立时，凸降的主要特征是声调曲线的凸点，而凹调的主要特征则是凹点，即最低点。

　　第二类的对立中有两个降调，一个平调和一个凹调，两个降调如果是高降与低降的对立，这两个降调之间的对立，以及它们与平调的对立依然可以精简到高低的对立，只是高低的位置不同。但是降调与凹调形成的对立，就需要[Strt]这个特征。

　　第三类的对立中也是两个降调，另外两个调是平调和升调调形。貌似它们之间的对立都可以用高低的对立解决，不过这两个降调的对立在西北官话中是高降与凸降的对立，固然也可以用调头的高低来形成对立。但是前面我们提到，从听感上讲，凸调的主要特征是曲线的凸点，也就是[STRT]这个特征。

　　第四类的对立和第五类的对立中都出现了纯低调这个调类，所以需要增加一个调类特征[UNDSPC]（见表4-18）。也就是说调形走向不作为主要区别特征，但声调始终处于声调格局的最低点成了主要特征。这种情况下，它与其他三个调的对立，也主要是高低的对立，只是这里的"低"不局限于调头、调位、调中或者发声态，只要是以"低"为主要区别特征，调形走向并不重要。

表 4-18　四个单字调调形的调位特征

调形	[H$_{head}$]	[H$_{tail}$]	[Strt]	UNDSPC
平	+	+	+	−
高降	+	−	+	−
低降	−	−	+	−
凸降	−	−	−	−
升	−	+	+	−
凹 / 两折	+	+	−	−
纯低调	−	−	−	+

　　调查中我们发现，四个单音节字调的方言点环绕在三个单音节字调和两个单音节字调方言点的周围，具体讲，主要是沿河西走廊一线，以及东部庆阳、天水、定西等地与陕西交界的位置。正如朱晓农、衣莉（2015:1-11）曾经针对西北官话77个点的一手录音材料所做的调查显示，西北官话从东到西幅度很

宽，其声调分布最基本的格局类似于一个马鞍。马鞍中央有 7 处方言点的单音节高调减少至两个，周边的金城、河西和陇中片是 3 个调类，再往两边扩展开去的秦陇、关中、南疆、北疆、京北是 4 个调类。目前更进一步的调查显示，以兰州市为中心，兰州市以西两个单音节字调的方言点分布比较多，兰州市以东三个单音节字调的方言点分布比较多。再往西、往东就以四个单音节字调的方言点居多。

最后，在我们调查的西北官话中，还有 7 个方言点的单音节字调数目无法明确（见表 4-19）。第一个点是兰银河西片的肃南县马蹄乡。这个点的阴平是平调，阳平是高降，上声和去声都是低降，但是上声和去声的低降是否合并还不能确定。在听感上是有区别的，可是在调头存在三个高低维度的降调似乎也不可能，这有待进行连字调调查时做进一步的听辨。

第二个点是永昌河西堡。笔者先后两次调查了永昌河西堡的发音人，发现他前后两次出现了不同的情况。第一次的时候，他的阴平、阳平和上声都是两折调，去声是降调，即形成了两个单音节字调的系统。但是第二次调查时，他的阴平出现了平调的调形变体，而且还不是少数例字。不过，该发音人后来由永昌迁居到宁夏银川市长期居住，也许是不得不长期说普通话造成的。

第三和第四个点是民和县的两个点。隆治乡桥头村的两个发音人都是 4 个升调，而且升调的高低都不一致。上声字里面有个凹调的变体，也无法确认 4 个升调是有对立还是已经合并。另一个民和的点是马场垣乡香水村，有 3 个升调（阴平、阳平、去声），上声是个低降。结合民和隆治乡桥头村的上声的凹调变体，这里推测民和的上声大概是个纯低调。

第五、第六、第七个点是临夏的 3 个点。王闵家的阴平、阳平是两折调，阴上有一半的字是两折调，另一半的字和去声一样是降调。临夏市相邻的永靖县刘家峡镇的阴平与阳平已经合并，我们可以推测，王闵家的阴平与阳平也已经合并，但是不能确定上声的两折调是否也归入平声。临夏市临夏县莲花镇的上声也是两折调和降调两个变体，但是临夏县莲花镇的阴平与阳平没有合并，阴平是平调，阳平是两折调。永靖县三垣镇刘家垣村的阴平和阳平与临夏县莲花镇的阴平、阳平一样，阴平为平调，阳平为两折调。刘家垣村的上声是个凹调，这里不能确定的是 3 个点的上声是否是纯低调。

表 4-19 无法确定调类的方言点

方言片	市/县	乡镇/村	T1a	T1b	T2a	T3
兰银河西	肃南县	马蹄乡	平	高降	低降	低降
兰银河西	永昌县	河西堡/宗家庄村	平/两折	两折	两折	降
中原陇中	民和县	隆治乡/桥头村	升	升	升+凹	升
中原陇中	民和县	马场垣乡/香水村	平微升	升	低降	升
中原陇中	临夏市	王闵家	两折	两折	两折+降	降
中原陇中	临夏市	临夏县/莲花镇	平	两折	两折+微降	降
中原陇中	永靖县	三垣镇/刘家垣村	平	两折	凹	降

调查显示，民和和临夏都处于 3 个单音节字调与两个单音节字调交界的位置。声调出现不稳定、变异的情况应该比较普遍，观察这些地点声调格局的变化，也是探寻声调演化的必由之路。

四、声调格局的演变路径

在探究声调演化的路径之前，我们先观察一下两个单音节字调与三个单音节字调交界处的声调格局情况，即兰州市及兰州市红古区、永登县的声调格局情况（见表 4-20）。

表 4-20 二声调到三声调过渡地带的声调格局（兰州、红古、永登）

方言片	市/县	乡镇/村	T1a	T1b	T2a	T3	声调数目
兰银金城	红古区	海石湾镇/下海石村/龚家庄	升	>1a	平	>1a	2
兰银金城	红古区	平安镇/岗子村	升	>1a	平	>1a	2
兰银金城	红古区	海石湾镇/上海石村	升	>1a	降	>1a	2
兰银金城	红古区	平安镇/夹滩区	升	>1a	降	>1a	2
兰银金城	红古区	海石湾镇/红山村	平	降	两折	>2a	3
兰银金城	红古区	窑街镇/上窑村/下窑村	平	降	两折	>2a	3
兰银金城	红古区	窑街镇/上街村	降	>1a	升	>2a	2
兰银金城	永登县	河桥镇/城关镇	降	>1a	两折	>2a	2
兰银金城	红古区	红古乡	平	升	降	>1a	3

方言片	市 / 县	乡镇 / 村	T1a	T1b	T2a	T3	声调数目
兰银金城	永登县	城关镇	平	降	升	>2a	3
兰银金城	永登县	河桥镇	平	>1a	>1a	降	2
兰银金城	永登县	河桥镇	平	升	>1a	>1a	2
兰银金城	永登县	河桥镇	平	降	>1a	升	3
兰银金城	永登县	连城镇	平	升	>1a	凹	3
兰银金城	兰州市	西固区 / 陈坪街道	降	>1a	升 / 凸 / 凹 / 两折	>2a	2
兰银金城	兰州市	新派	平	降	升 / 凸 / 凹 / 两折	>2a	3
兰银金城	兰州市	老派	降	降	升 / 凸 / 凹 / 两折	>2a	3

红古的方言一直都是研究的热点，雒鹏（1999）调查的结果显示，一个老派的红古区发音人的单音节字调有两个：阴平、阳平和去声合并为一个调，是升调调形，上声字是一个调，为平调或者平调微降的调形。笔者的调查结果显示，红古区下海石村和龚家庄、红古区平安镇岗子村发音人的声调格局与雒鹏的调研结果一样。但是，海石湾镇上海石村和平安镇夹滩区发音人的声调格局就不尽相同，上声字变成一个高降调，即平声（阴平＋阳平＋去声）都是升调，上声字会出现随机变化，或者为平调，或者为降调。从这两组对立中我们可以看出，上声的调头，无论是平调还是降调，都是 [+H$_{head}$] 的调位特征。调尾或者为高，或者为低。与之相对立的是，升调的调头总是 [−H$_{head}$] 的调位特征。所以我们可以判断，这两种对立：无论是"升—平"还是"升—降"之间的对立，都是"低—高"轻重的对立。

红古区窑街镇上街村、永登县河桥镇和城关镇发音人及兰州西固区发音人的声调格局是阴平与阳平合并为降调，上声和去声合并为升调，也有凹调和两折调的变体形式，这里统称为凹调。如上文所述，降调的调头是 [+H$_{head}$] 的调位特征，升调的调头总是 [−H$_{head}$] 的调位特征，凹调的主要特征是调中的凹点，两折调与凹调不形成对立，只是凹调的变体，所以主要调位特征也是凹点，即低点。可以说，这里形成的也是"低—高"的对立，或者说是轻重的对立。

我们再来看永登的城关镇、河桥镇和连城镇发音人的情况。永登县这几个发音人的声调格局变化比较多，有两个单音节字调的对立，也有三个单音节字调的对立。两个单音节字调的对立中有平声与上去的对立，也有平上与去声的对立，还有阴平上去与阳平的对立。这三种对立都存在于河桥镇的发音人当中。第一位河桥镇发音人的格局和窑街镇上街村的发音人一样，是平声与上、去对立，调形为"降—升（两折）"；第二位河桥镇的发音人是平、上与去声对立，调形为"平—降"；最后一位河桥镇的发音人是阴平、上、去与阳平对立，调形为"平—升"。笔者在这里大胆假设一下，永登县河桥镇已经失去了单音节字调这个概念。声调调类的归并之所以会出现纷繁多样的局面，可能的原因是每个单字辨义的功能正在减退，交流中彼此更多的表达由连字调完成，所以每个发音人的每个调类的声调格局都不一样，他们的目的似乎就是只需要将每个字高低的差别表现出来即可。

永登县河桥镇还有一位发音人，他的声调格局是三个单音节字调，阴平与上声合并，与阳平、去声形成三重对立，调形为"平—降—升"。我们大致推测一下他们演化的路径（见表4-21）：阴平的平调调形相对比较稳定。最开始的第一个阶段是三个单音节字调对立（Ⅰ），这个时候还能称为有声调的时期，之后有两个演变的路径，一是丢掉一个升调，去声由降调填充；二是丢掉一个降调，阳平由升调填充。在这两条路径开始之前，应该有一个预设阶段，即阳平和去声的声调调形发生了置换（见表4-21过渡段），原因也许是连字调出现了变调造成的影响，之后或者阳平与阴平合并，或者去声与阴平合并，由此形成两个高低对立的轻重声调格局。

表 4-21　永登声调的演化

阶段	T1a	T1b	T2a	T3
Ⅰ	平	降	>1a	升
过渡段	平	升	>1a	降
Ⅱ	平	>1a	>1a	降
Ⅲ	平	升	>1a	>1a

这里还有另一个演化路径（表4-22），兰州话老派是四个调，之后上声与去声渐渐合并，虽然在不同的发音人之间存在不同的变体，但是上声和去声已经合并是一个事实，形成三个单字调的对立。这时，阴平出现了两个演化趋势，

一是与阳平的降调合并，声调出现高低对立的轻重声调格局（Ⅱ）；二是阴平的降调变成平调，主要是由于连字调变调的影响，特别是年轻人居多，形成了新的三个单音节字调的对立格局（Ⅰ）。

表 4-22　兰州声调的演化

阶段	T1a	T1b	T2a	T3
Ⅰ	平	降	升 / 凸 / 凹 / 两折	>2a
老派	降	降	升 / 凸 / 凹 / 两折	>2a
Ⅱ	降	>1a	两折	>2a

可见，兰州及周边地区是两个单音节字调与三个单音节字调交汇的地区，永登县河桥镇的声调格局和兰州市西固区、红古区的声调格局的复杂情况正说明了这一点。河桥一个镇的 4 位发音人就有 4 种不同的声调格局，而他们彼此的交流并没有障碍。这说明一个很重要的问题，即他们的单音节字调已经不再是辨义的单位，主要的交流以多音节字调为准。所以，当调查单音节字调的时候，主要出发点就是找出最容易的对立，而最容易的对立就是高低对立，所以就形成了"平—降""平—升""降—凹"这样的对立格局。至于连字调的声调格局，还有待进一步的调查和研究。

除此之外，在 4 个单音节字调的声调格局分布中，也有很值得注意的演化环节。如上文所述，在笔者所调查到的西北官话的方言点中，4 个单音节字调的声调格局共有 6 种，其中有 3 种声调格局包含了纯低调（见表 4-23）。

表 4-23　纯低调在 4 个单字调中的分布

方言片	方言点	T1a	T1b	T2a	T3
兰银河西	酒泉市肃州区	平	缓降	直降	纯低调（低凹、嘎裂凹、低降、嘎裂低降）
兰银河西	嘉峪关市	平	凹升	纯低调（低凹、嘎裂凹、低降、嘎裂低降）	降
中原秦陇	天水市甘谷县大庄乡	纯低调（低凹、嘎裂凹、低降、嘎裂低降）	凹升	凸降	平

第一种以酒泉市肃州区为代表，共有 16 个方言点是这种格局。阴平是平调；阳平是缓降，或者称低降；上声是高降；去声为纯低调，有低降、低凹、嘎裂凹、嘎裂低降若干变体。笔者之所以称阳平为缓降，是想和去声的低降区别开。其实，这两个调类在调形走向上没有太大的区别。主要的区别就是纯低调会有别的调形变体，而且主要的声调目标是"低"。

第二种以嘉峪关市为代表，共有 12 个方言点是这种格局。阴平为平调；阳平为凹升调，或者凹调；上声为纯低调，有低降、低凹、嘎裂凹、嘎裂低降若干变体；去声为降调。

第三种以天水市甘谷县大庄乡为代表，宁夏固原也是这种声调格局。阴平为纯低调，有低降、低凹、嘎裂凹、嘎裂低降若干变体；阳平为凹升，上声为凸降，去声为平调。

上述 3 种声调格局的对立与 3 个单音节字调很容易形成过渡，我们以其中一种为例，分析一下他们的演化可能性（如图 4-7）。

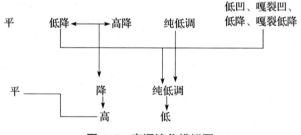

图 4-7　声调演化模拟图

在"平—低降—高降—纯低调"的声调格局中，有两种演化路径：一种是两个降调合并，另一种是低降与纯低调中的低降合并。两种路径都会形成"平—降—纯低调"的三个单音节字调的格局，方言点中形成这样格局的有兰州话的新派、白银市景泰、银川市城关。在目前调查到的西北官话方言点中，没有"平—高降—低降"这样的三个单音节字调的格局。可以推测，即使形成这样的格局，两个降调也可能会再进一步合并，形成"平—降"的二重对立格局。

在第二类是在纯低调的 4 个单音节字调的格局中，纯低调的低凹调可以和凹升调合并，形成更加有辨识性的升调，从而形成"平—升—降"这样的三重对立，如甘肃兰州市红古区红古乡，青海循化县县城，宁夏吴忠市同心县、中卫市海原县海城镇。

第三类的格局演化中，纯低调可以和凹升合并，表现形式可能是纯低调，从而形成"纯低调—降—平"的对立格局，如甘肃临夏市市区、天水市秦安云山乡、白银市会宁县、宁夏固原市；纯低调也可能与凹升合并后，表现为更有辨识度的升调，形成"升—降—平"的对立格局，如甘肃永靖县刘家峡大庄村、永靖县盐锅峡上铨村，宁夏彭阳县。后一类的格局，再进一步的演化就是降调与平调合并，形成"升—降"对立的两个单音节字调格局，如甘肃永靖县西河镇白川村、临夏市临夏县马家堡，宁夏中卫市海原县西安镇和乐都马营乡连丰村的声调格局。

第五章

结 语

一、研究结果

（一）西北官话的一般特点

本书共调查了 265 位发音人，涉及方言点 143 个。西北官话单音节字调在分布上呈现"马鞍"形分布特点：以兰州市为中心，向西在甘肃与青海交界的地带，主要是青海东北部的汉语方言区，大多分布着两个单音节字调的方言点；兰州市以东，在甘肃与宁夏交界的地带和宁夏境内，大多分布着三个单音节字调的方言点。从上述的两个区域再往西或者往东，沿甘肃河西走廊一带向西至新疆昌吉，向东及甘肃陇东与陕西交界的地带，大多分布着四个单音节字调的方言点。

对比前期的研究文献看，西北官话的单字调正处于四个单字调向三个单字调过渡、三个单字调向两个单字调过渡的阶段。例如，第一章中提到的兰州话，曾经有十几处文献都提到兰州话是四个单字调，但是笔者的研究显示兰州话目前只有三个单字调（衣莉等 2017；衣莉 2018）。西宁话在原来的记录里就是四个单字调（张成材 1980），而笔者的调查显示西宁话目前只有两个单字调（朱晓农、衣莉 2015:1–11）；兰州永登话在原来的记录中也是四个单字调，而笔者的调查显示永登话有三个单字调的发音人，也有两个单字调的发音人。在声调合并的过程中，变化最明显的地带就是以兰州为中心的周边地区，其中又以红古的方言最为典型。

（二）纯低调与调类合并

在声调合并的过程中，西北官话的声调中有一个调类要特别引起关注，那就是"纯低调"。汉语普通话的上声就是一个纯低调（朱晓农、章婷、衣莉2012：420-436），这个调类不以调形的走向为主要区别特征，而是以一种绝对的"低"为主要区别特征。具体的表现形式有很多，有调形上的低，如低降、低平、低凹等；也有发声态上形成的低，如嘎裂凹调、嘎裂降调等。这个调类与其他调类的区别就是在声调格局中，处于"低"位，而且尤其需要注意的是，不同的发音人对于纯低调的表现形式也是不一样的。第一，即使来自一个方言点，发音人之间会形成有个人特色的声调调形（idiolect），但是彼此之间的交流没有障碍；第二，方言人在自己的声调格局内部又会形成不同的调形走向，也就是调位变体。例如，兰州话的上声就有多个变体，宁夏固原话的阴平也被分别实现为不同的调形：嘎裂凹调（泾源县大湾乡发音人）、低降（泾源县香水镇发音人、彭阳县城关发音人、隆德县城关发音人）、低凹调（彭阳县城关发音人、彭阳县草庙乡发音人）和两折调（原州区发音人、西吉火石寨乡发音人）（衣莉2018）。前文提到，固原市原州区的发音人和西吉火石寨乡的发音人的阳平升调调形因为调尾的高点不明确，听上去就和阴平非常接近，这一点在基频归一图上也能看出来。当时，笔者在调查的时候还误以为他们已经合并了。这为解释西北官话的声调合并提供了一个线索，即调类的合并首先是从调形表现的含混开始的。处于声调格局高位的调类彼此之间的区别是利用不同的拱形，但是如果语音基频比较低，或者调域比较低的时候，想用声带表现出鲜明的拱形就不那么容易了。所以，纯低调在语音学上是能够解释的。而且，也正是纯低调这种调形上的含混性，造成了西北官话声调调类的合并。

（三）调位特征与调类合并

既然纯低调是造成西北官话调类合并的主要原因，那么一个纯低调和另一个非纯低调是如何形成调类合并的，具体的过程是怎样的？本书引入"调位特征"这个概念来尝试解释调类的合并现象。

"调位特征"是套用了音系学里面的"音位特征"的概念。在音系学解释音变的时候，会利用音位特征来解释已经出现的音变，以及不能出现的音变。如衣和端木（2015：819-842）在说明兰州话中的一组塞擦音 [pf, pfʰ, f] 是从 [tʂu, tʂʰu, ʂu] 演化而来的时候，就是利用音位特征的理论和音节结构的排列组合来解释的。本书在前人（王士元 1967；Yip 2002；朱晓农 2012:1–16；林文芳等 2013）研究成果的基础上，结合西北官话的特点，选取了五个调位区别特征来描写西北各方言点的单字调。它们分别是 [±underspecified, H_{head}, H_{tail}, DCT, straight]。[±underspecified] 这个特征用来描写所有的纯低调，因为纯低调的主要特点就是调形走向没有辨义的功能。因此，只要某个调类被确定其调形走向没有辨义功能，就用 [+underspecified] 这个调位特征来表示。[±H_{head}] 表示调头的高低，常常用来区别升调还是凹升调。另外，在西北官话中，高低降的对立是存在的，[H_{head}] 还可以区分高降和低降。[±H_{tail}] 区别调尾的高低，常常用来区别凹降调与降调。[±straight] 用来区别调头调尾一样高的凹调与平调，还可以区别直降和凸降。本来还有一个调位特征 [DCT]，这个特征主要是将两折调与凹调区别开。尽管西北官话中的确存在两折调的分布（Zhu & Yi 2012:81–106），但是西北官话中的两折调多为凹调的变体，至少在目前调查到的西北官话的方言点中，还没有出现两折调与凹调在一个方言内形成对立的情况。此外，凹调和两折调本身是凹调这个大调类的亚型，他们都处于一个变化的连续统上，所以本书不采用这个调位特征。

在接下来的分析中，本书依然以八个点（西宁、临夏、酒泉、银川、兰州、红古、昌吉、天水）为轴，依次分析每个方言点的每个单字调的调位特征，并将其分类整理，然后按照调位特征的相近与不同探究声调合并、演化的趋势。例如，以临夏为中心的方言点从调位特征的角度被分为五类，从第一类到第五类基本可以形成一个演化的连续统。首先，所有的阴平和阳平都为纯低调；其次，去声始终都是高降调，处于声调格局的高点；最后，上声有两个变体，一个是高调变体（高降或高平），一个是纯低调变体（两折调、低凹调）。当上声表现为高调变体的高平调时，就表现为三个调的格局（第五类）；当上声表现为高调变体的高降调时，就表现为两个调的格局（第三类）；当上声表现为纯低调的变体时，就实现为另一种两个调的格局（第四类）；或者上声保持两个变体，其中低调与平声合并，高调与去声合并，形成第三种两个调（第二类）的格局；第一类就是演化最开始的状态，上声没有分裂出变体，但是上声很低，低降的调形不是很明显是比较低的低降调，阴平是个字平调，形成"字平—两折调—低降—字降"的四个单字调格句。再如，以酒泉为中心的方言点，基本就可以分为两类：去声为纯低调（酒泉肃州为代表），上声为纯低调（嘉峪关为代表）。

　　然后，依据纯低调在声调格局中的分布，找到四个单音节字调与三个单音节字调形成过渡的路径。在"平—低降—高降—纯低调"的声调格局中，有两种演化路径：一种是两个降调合并，一种是低降与纯低调中的低降合并。两种路径都会形成"平—降—纯低调"的三个单音节字调的格局，方言点中形成这样格局的有兰州话的新派、白银市景泰、银川市城关。

　　在"平—纯低调—凹升—降"四个单音节字调的格局中，纯低调的低凹调可以和凹升调合并，形成更加有辨识性的升调，从而形成"平—升—降"这样的三重对立，如甘肃兰州市红古区红古乡，青海循化县县城，宁夏吴忠市同心县、中卫市海原县海城镇。

　　在"纯低调—凹升—凸降—平"的声调格局中，纯低调可以和凹升合并，表现形式可能是纯低调，从而形成"纯低调—降—平"的对立格局，如甘肃临夏市市区、天水秦安云山乡、白银会宁县，宁夏固原市；纯低调也可能与凹升合并后，表现为更有辨识度的升调，形成"升—降—平"的对立格局，如甘肃永靖县刘家峡大庄村、永靖县盐锅峡上铨村，宁夏彭阳县。这种"升—降—平"的格局，再进一步演化就会出现降调与平调合并，形成"升—降"对立的两个单音节字调格局，如永靖县西河镇白川村、临夏市临夏县马家堡、中卫市海原县西安镇和乐都马营乡连丰村的声调格局。

二、研究前瞻

　　本书在研究方法上有两点创新：一是收集语料的方法。原来人们普遍认为，单字调是汉语的本调，连读都是变调。其调查的方法也都是按照从小到大的词表设计，多数停留在双音节词上。本书在收集方言材料时，除了依循传统的从小到大录音词表之外，还会收集自然语流（spontaneous speech）的材料。二是分析数据的方法。本书除了利用 praat 软件对单音节字调进行标注、分析之外，还将自然语流切分，对照四声调类，与单字调比对分析。除了研究方法上的创新，这样做的目的是为下一步进行连字调的研究做准备。

　　本书针对西北官话声调的合并现象进行调查分析。在此过程中，发现很多方言点的单音节字已经不再是最小的语言辨义单位，很有可能是双音节或者多音节的词在承载辨义的功能。所以，下一步的计划就是针对西北官话中方言连字调的调查和研究。笔者已经收集了大量的自然语流数据，正在对其进行语流切分和标注分析。在日常生活中，因为双音节词、多音节词的使用数量已经远远超过单音节词，可以说他们在语流中的表现形式才是最自然的形式。以往针对新疆汉语方言连字调的研究很丰富，但是囿于当时研究条件的限制，在韵律和语调的结合上还是比较欠缺。同时，研究的点状分布也不足以对连字调的类型进行横向对比，本书尽可能从广度（方言点的涵盖度）和深度（人数的涵盖度）上全面收集材料，找出多音节调的调型规律与单音节字调之间互动的相关性。很多人原本的看法是认为单字调是本调，连读调是变调。但如果一个方言中单音节词非常少，大部分口语表达或者说几乎所有的表达，基本都是以双音节或多音节词（组）的形式出现，就需要关注哪个是本调，哪个是变调，底层和表层之间的相互交叉关系，以及他们的转换如何形成等问题。最后，还要尝试探讨连字调对节律和韵律的影响，进而分析连字调对于调类减少、合并等所起的作用。

凯瑟琳·杨和许毅（Cathryn Yang 和 Xu Yi 2019）在梳理了 52 个包括汉语、壮侗语、苗瑶语和藏缅语的声调演化的研究后发现，声调演化在跨语言之间竟然有惊人的相同的倾向性。同时，又指出大多数的声调变化 / 演化都是沿着"顺时针的方向"（朱晓农、林晴、趴差桠 2015：3-18），即 {32 > 42 > 52 > 55 > 45 > 35 > 24 > 23|323|32}。尽管还有其他的变化模式，但不管是数量上还是频率上都是少数情况，本书在整个声调的演化链上仅仅是一个很小的点，但是希望通过对每个方言点或者每个方言片这样的微观研究，为有声调语言演化的宏观比较提供线索，以期得出一个更客观、科学的结论，进而为语言学全方位的、多维度一般规律的研究提供一个观察的视角，为探寻语言演化规律尽绵薄之力。

参考文献

艾金勇，杨阳蕊，于洪志，2008. 临夏方言单字调声学实验与统计分析［J］. 科技信息（科学教研）（17）：13-14.

艾约瑟，2011. 上海方言口语语法［M］. 北京：外语教学与研究出版社.

安亚彬，2010. 庆阳市西峰区方言声调实验研究［D］. 西北民族大学.

白玉波，2011. 宁夏泾源方言中的 ABB 构形例析［J］. 宁夏大学学报（人文社会科学版）（2）：32-35.

曹德和，1987. 巴里坤汉话的底层调类及其调值［J］. 新疆大学学报（哲学社会科学版）（1）：102-108.

曹兴隆，2014. 甘肃清水方言语音调查研究［D］. 河北大学.

曹志耘，1987. 汉语方言研究的思考［J］. 山东大学学报（哲学社会科学版）（1）：40-45.

曹志耘，1998a. 敦煌方言的声调［J］. 语文研究（1）：11-15.

曹志耘，1998b. 汉语方言声调演变的两种类型［J］. 语言研究（1）：89-99.

陈英，2001. 试论库车话的底层调类及调值——兼谈其调类的演变［J］. 乌鲁木齐成人教育学院学报（综合版）（1）：13-19.

陈渊泉，2001. 汉语方言的连读变调模式［M］. 北京：外语教学与研究出版社.

陈忠敏，1988. 南汇方言的三个缩气音［J］. 语文研究（1）：131-134.

陈忠敏，1993a. 汉语方言连读变调研究综述［J］. 语文研究（2）：63-66.

陈忠敏，1993b. 汉语方言连读变调研究综述（续）［J］. 语文研究（3）：55-60.

邓功，1987. 试说鄯善汉话的声调系统［J］. 新疆大学学报（哲学社会科学版）（1）：109-115.

邓文靖，2009a. 三声调方言康乐话的两字组连读变调［J］. 甘肃高师学报（1）：33-36.

邓文靖，2009b. 西北地区三声调方言分布特点透析［J］. 兰州大学学报（社会科学版）（3）：66-72.

邓文靖，2011. 三声调方言秦安话的两字组连读变调［J］. 汉字文化（5）：36-40.

迪克森，罗伯特，2010. 语言兴衰论［M］. 朱晓农，等，译. 北京：北京大学出版社.

董建丽，2018. 西北汉语方言的语气词研究综述［J］. 现代语文（2）：29–33.

董印其，2011a. 新疆汉语方言南疆片形成研究［J］. 新疆职业教育研究（3）：55–62.

董印其，2011b. 新疆汉语方言北疆片形成研究［J］. 新疆教育学院学报（4）：99–108.

董印其，陈岳，2012. 新疆汉语方言研究30年文献述评［J］. 新疆师范大学学报（哲学社会科学版）（4）：68–73.

都兴宙，1995. 论西宁话里的虚词"lia"［J］. 青海民族学院学报（社会科学版）（1）：56–61.

都兴宙，2001. 西宁方言两字组连读变调研究［J］. 青海民族学院学报（社会科学版）（4）：99–102.

都兴宙，狄志良，1997. 西宁方言词典简论［J］. 青海民族学院学报（社会科学版）（1）：84–89.

冯爱珍，1993. 福清方言研究［M］. 北京：社会科学文献出版社.

付康，2015. 漳县方言语音研究［D］. 西北师范大学.

高葆泰，1980. 兰州音系略说［J］. 方言（3）：224–231.

高葆泰，1982. 宁夏方音跟陕、甘、青方音的比较［J］. 宁夏大学学报（社会科学版）（4）：23–33.

高葆泰，1996. 普通话基础方言基本词汇集：银川音系与基本词汇［M］. 北京：语文出版社.

高葆泰，张安生，1997. 银川话音档［M］. 上海：上海教育出版社.

高葆泰，林涛，1993. 银川方言志［M］. 北京：语文出版社.

高本汉，1940. 中国音韵学研究［M］. 上海：商务印书馆. 1994.

高远平，2016. 乌鲁木齐芦草沟乡甘肃白银回族移民方言点方音研究［D］. 新疆大学.

韩莉，王嵘，2012. 定西地区方言研究现状［J］. 甘肃高师学报（4）：37–39.

韩夏，李龙，潘悟云，2013. 计算机田野调查及处理系统［J］. 清华大学学报（自然科学版）（6）：888–892.

侯精一，1980. 平遥方言的连读变调［J］. 方言（1）：1–14.

黄伯荣，赵浚，等，1960. 兰州方言概说［J］. 西北师大学报（社会科学版）（1）：71–122.

黄大祥，2005. 民勤方言音系说略［J］. 甘肃高师学报（6）：1–5.

黄大祥，2009. 甘肃张掖方言同音字汇［J］. 方言（4）：342–352.

黄家教，詹伯慧，1986. 谈汉语方言的语音调查［J］. 中山大学学报（社会科学版）（4）：114–124.

黄海英，2014a. 甘肃甘谷话双字调声学实验研究［J］. 文教资料（34）：17–19.

黄海英，2014b. 甘肃甘谷话单字调的声学分析［J］. 语文学刊（9）：14–15.

焦立为，2003. 三个单字调的汉语方言的声调格局［R］. 第六届全国现代语音学学术会议，中国天津.

景永智，2010. 陇县方言语音研究［D］. 西北大学.

康广玉，郭世泽，孙圣和，2009. 汉语连读变调语音合成算法［J］. 计算机工程与应用（15）：28–30.

兰大中文系语言研究小组，1963. 兰州方言［J］. 兰州大学学报（社会科学版）（2）：81–141.

赖福吉，彼得，2018. 语音数据分析——田野调查和仪器技术入门［M］. 朱晓农，等译. 北京：商务印书馆.

李倩，2001. 中宁方言两字组的两种连调模式（第二十四辑）［M］. 北京：商务印书馆：62–85.

李荣，1979. 温岭方言的连读变调［J］. 方言（1）：1–29.

李荣，1985a. 官话方言的分区［J］. 方言（1）：2–5.

李荣，1985b. 三个单字调的方言的调类［J］. 方言（4）：241–242.

李如龙，2000. 论汉语方言比较研究（上）——世纪之交谈汉语方言学［J］. 语文研究（2）：1–7.

李瑞，2016. 乌鲁木齐板房沟回民汉语方言研究［D］. 新疆大学.

李生信，2008. 宁夏方言研究五十年［J］. 宁夏大学学报（人文社会科学版）（5）：64–67.

李树俨，1989. 中宁县方言志［M］. 银川：宁夏人民出版社.

李树俨，李倩，2001. 宁夏方言研究论集［M］. 北京：当代中国出版社.

李树俨，张安生，1996. 银川方言词典［M］. 南京：江苏教育出版社.

李小凡，2002. 汉语方言连读变调的层级和类型［R］. 国际中国语言学会第11届年会，日本名古屋.

李小凡，2004. 汉语方言连读变调的层级和类型［J］. 方言（1）：16–33.

林端，1987. 新疆汉话的声调特点［J］. 新疆大学学报（哲学社会科学版）（1）：96–101.

林茂灿，2004. 汉语语调与声调［J］. 语言文字应用（3）：57–67.

林涛，1995. 中卫方言志［M］. 银川：宁夏人民出版社.

林文芳，洪英，朱晓农，2013. 短降也分高低——降调种类的补充［M］// 东方语言学（辑刊）. 上海：上海教育出版社.

刘俐李，1989. 乌鲁木齐回民汉语的单字调连读调和调类的共时演变——兼论声调层次［J］. 新疆大学学报（哲学社会科学版）（1）：85–91.

刘俐李，1992a. 乌鲁木齐回民汉语声母与广韵声母比较［J］. 新疆大学学报（哲学社会科学版）（1）：109–116.

刘俐李，1992b. 乌鲁木齐回民汉语中的双焦点辅音［J］. 新疆大学学报（哲学社会科学版）（4）：111–112.

刘俐李，1993. 新疆汉语方言的形成［J］. 方言（4）：265–274.

刘俐李，1995. 新疆汉语方言语音特点的扩散［J］. 新疆大学学报（哲学社会科学版）（1）：80–86.

刘俐李，1996. 新疆汉语方言研究述评［J］. 新疆大学学报（哲学社会科学版）（3）：96–99.

刘俐李，1998. 焉耆话的语法重叠与变调［J］. 语言研究（1）：110–117.

刘俐李，2000. 论焉耆方言的变调类型［J］. 语言研究（1）：81–89.

刘俐李，2002. 20世纪汉语连读变调研究回望［J］. 南京师范大学文学院学报（2）：176–182.

刘俐李，2003. 同源异境三方言声调比较［J］. 语言研究（2）：104–109.

刘俐李，2004a. 汉语声调论［M］. 南京：南京师范大学出版社.

刘俐李，2004b. 永宁音系［J］. 青海师专学报（教育科学）（6）：29–33.

刘俐李，2004c. 二十世纪汉语声调理论的研究综述［J］. 当代语言学（1）：45–56.

刘俐李，2005. 连调中的折度打磨［J］. 语言研究（4）：23–27.

刘俐李，周磊，1986. 新疆汉语方言的分区［J］. 方言（3）：161–171.

刘伶，1983. 新兰州话简论［J］. 兰州大学学报（社会科学版）（3）：106–121.

刘伶，1987. 略论敦煌方音的形成［J］. 兰州大学学报（社会科学版）（2）：130–134.

刘伶，1988. 敦煌方言志［M］. 兰州：兰州大学出版社.

刘伶，2014. 会宁方言语音特点［J］. 甘肃高师学报（1）：39–42.

刘昕，2016. 西北次方言的音系分析——以甘肃省平凉市方言为例［J］. 黑龙江生态工程职业学院学报（2）：154–155.

柳春，2010. 甘肃临夏方言回腔语音格局研究［D］. 西北民族大学.

柳春，于洪志，李永宏，2013. 甘肃临夏方言回腔元音格局研究［J］. 甘肃高师学报（6）：39–41.

芦兰花，2011. 湟水流域汉语方言语音研究［D］. 陕西师范大学.

罗堃，2010. 甘肃宁县方言的语法特点［J］. 华中师范大学研究生学报（3）：67–71.

雒鹏，1994. 甘肃汉语方言词法初探［J］. 西北师大学报（社会科学版）（6）：42–45.

雒鹏，1999. 一种只有两个声调的汉语方言——兰州红古话的声韵调［J］. 西北师大学报（社会科学版）（6）：74–77.

雒鹏，2001. 甘肃汉语方言声韵调及特点［J］. 西北师大学报（社会科学版）（2）：120–125.

雒鹏，2002. 甘肃靖远方言两字组变调［J］. 西北师大学报（社会科学版）（5）：91–94.

雒鹏，2003. 甘肃靖远方言儿化变调［J］. 西北师大学报（社会科学版）（5）：116–118.

雒鹏，2007. 甘肃汉语方言研究现状和分区［J］. 甘肃高师学报（12）：1–4.

雒鹏，2008. 甘肃省的中原官话［J］. 方言（1）：65–69.

吕超荣，2013. 甘肃静宁（城川）方言语音研究［D］. 陕西师范大学.

吕叔湘，1980. 丹阳方言的声调系统［J］. 方言（2）：85–122.

马建东，2003. 天水方言声母特点［J］. 天水师范学院学报（4）：28–30.

马企平，1984. 临夏方言语法初探［J］. 兰州学刊（1）：79–84.

马树钧，1988. 河州话的语音特点［J］. 西北民族学院学报（哲学社会科学版)(4)：102-105.

敏春芳，杜冰心，2018. 类型学视野下西北汉语方言"给"字句研究［J］. 陕西师范大学学报（哲学社会科学版)(3)：62-69.

莫超，朱富林，2009. 洮河流域汉语方言的语音特点［J］. 方言（3）：242-249.

莫超，朱富林，2014. 二声调红古话的连读变调［J］. 甘肃高师学报（1）：43-46.

聂鸿音，2011. 汉语西北方言泥来混读的早期资料［J］. 方言（1）：66-67.

欧阳伟，2014. 图木舒克市汉语方言音系研究［J］. 喀什师范学院学报（4）：48-51.

彭明权，2010. 甘肃西峰方言两字组变调［J］. 陇东学院学报（3）：14-16.

钱乃荣，1988. 吴语声调系统的类型及其变迁［J］. 语言研究（2）：63-80.

钱秀琴，2009. 甘肃民乐方言音系记略［J］. 河西学院学报（1）：16-20.

钱曾怡，2000. 从汉语方言看汉语声调的发展［J］. 语言教学与研究（1）：1-9.

钱曾怡，2001. 山东方言研究［M］. 济南：齐鲁书社.

桥本万太郎，2008. 语言地理类型学［M］. 余志鸿，译. 北京：世界图书出版社.

冉启斌，贾媛，2014. 民勤话究竟是几调方言？——民勤话单字调内部差异的调查分析［J］. 南开语言学刊（1）：63-71.

宋法仁，1991. 兰州方言比较谈［J］. 兰州教育学院学报（2）：59-62.

宋佳，2014. 兰州方言语音研究［D］. 天津师范大学.

宋珊，2017. 甘肃天祝县汉语方言语法研究［D］. 兰州大学.

孙凯，2013. 青海贵德刘屯话的连读变调［D］. 南京大学.

石汝杰，1987. 西游记中苏北方言词语汇释［J］. 苏州大学学报（2）：80-82.

唐志强，刘俐李，2016. 哈密汉语方言单字调及双字调的声学研究［M］//语言学论丛. 北京：商务印书馆.

谭治琪，2011. 环县方言初探［D］. 西北师范大学.

汪平，1988. 常州方言的连读变调［J］. 方言（3）：177-194.

王福堂，1999. 汉语方言语音的演变和层次［M］. 北京：语文出版社.

王继霞，2015. 甘肃静宁（李店镇）方言语音研究［D］. 西北师范大学.

王军虎，1997. 西安话音档［M］. 上海：上海教育出版社.

王军虎，1995. 西安方言词典［J］. 方言（3）：81-93.

王临惠，2003. 山西临猗方言同音字汇［J］. 方言（3）：277-288.

王希文，1991. 元明清白话著作中的枣庄方言词汇［J］. 方言（4）：278-282.

王可峰，2011. 甘肃甘谷方言声韵调及其特点［J］. 甘肃高师学报（6）：59-61.

王力，1979. 现代汉语语音分析中的几个问题［J］. 中国语文（4）.

王森，赵小刚，1997. 兰州话音档［M］. 上海：上海教育出版社.

王士元，1987. 声调发展方式一说［J］. 刘汉成，张文轩，译. 兰州学刊（5）：83-86.

王士元，2010. 王士元语音学论文集［M］. 北京：世界图书出版社.

王双成，2009a. 西宁方言的重叠式 [J]. 青海师范大学民族师范学院学报（1）：1-4.

王双成，2009b. 西宁方言的体貌 [J]. 青海师范大学学报（哲学社会科学版）（1）：126-129.

王锡珺，2016. 伊宁市汉语方言与周边成都方言词汇可懂度的计量研究 [D]. 伊犁师范学院.

王晓斌，2011. 张掖方言语音研究 [D]. 西北大学.

王应龙，2011. 甘肃武山方言语音特点 [J]. 宝鸡文理学院学报（社会科学版）（6）：84-86.

王毓兰，1983. 兰州方言与普通话的语音差异 [J]. 社会科学（3）：13-17.

武波，江荻，2017. 二声调语言呈现的轻重韵律模式 [J]. 南开语言学刊（2）：24-31.

吴开华，2009. 甘肃民勤方言音系 [J]. 方言（1）：40-52.

吴娟，2009. 银川方言声调连读变调的音系学分析 [D]. 华东师范大学.

吴建生，李改祥，1989. 永济方言咸山两摄韵母的分化 [J]. 方言（2）：149-151.

吴银霞，2013. 秦安方言语音研究 [D]. 西北师范大学.

熊正辉，张振兴，2008. 汉语方言的分区 [J]. 方言（2）：97-108.

邢向东，2004. 论西北方言和晋语重轻式语音词的调位中和模式 [J]. 南开语言学刊（1）：8-18.

邢向东，2007. 陕西省的汉语方言 [J]. 方言（4）：372-381.

邢向东，2008. 论陕南方言的调查研究 [J]. 西北大学学报（哲学社会科学版）（2）：127-133.

邢向东，2014. 西北方言重点调查研究刍议——以甘宁青新四省区为主 [J]. 清华大学学报（哲学社会科学版）（5）：122-134.

邢向东，郭沈青，2005. 晋陕宁三省区中原官话的内外差异与分区 [J]. 方言（4）：364-371.

徐云扬，1988. 自主音段音韵学理论与上海声调变读 [J]. 中国语文（5）：331-350.

许宝华，汤珍珠，钱乃荣，1981. 新派上海方言的连读变调 [J]. 方言（2）：145-155.

闫小斌，2016. 汉语连读变调的方向不一致性探究 [J]. 长春师范大学学报（3）：102-106.

杨苏平，2015. 隆德方言研究 [D]. 河北大学.

杨艳霞，2015. 西和方言声调实验研究 [D]. 西北师范大学.

杨子仪，马学恭，1990. 固原县方言志 [M]. 银川：宁夏人民出版社.

衣莉，2014. 兰州话的"上声"[R]. 第十一届中国语音学学术会议，新疆乌鲁木齐.

衣莉，2018. "纯低调"在西北方言中的体现 [J]. 伊犁师范学院学报（1）：73-80.

衣莉，李颖异，李晗，等，2017. 正在进行中的声调演化——兰州单字调 [J]. 伊犁师范学院学报（社会科学版）（36）：81-88.

袁升伟，2012. 巴里坤话语法研究 [D]. 新疆师范大学.

曾缇，2011. 奇台方言语音研究［D］. 山东大学.

张安生，1992. 宁夏盐池方言的语音及归属［J］. 方言（3）：214–221.

张安生，2000. 同心方言研究［M］. 银川：宁夏人民出版社.

张安生，2005. 银川话阳平、上声合并史新探（上）［J］. 河北大学学报（哲学社会科学版）（1）：77–84.

张安生，2006. 同心方言研究［M］. 北京：中华书局.

张安生，2008. 宁夏境内的兰银官话和中原官话［J］. 方言（3）：216–223.

张成材，1980. 西宁方言记略［J］. 方言（4）：282–302.

张成材，1984. 青海省汉语方言的分区［J］. 方言（3）：186–196.

张成材，1994. 西宁方言词典［M］. 南京：江苏教育出版社.

张成材，1997. 西宁话音档［M］. 上海：上海教育出版社.

张成材，2006. 青海汉语方言研究五十年［J］. 方言（3）：284–288.

张成材，2016. 陕甘宁青方言论集［M］. 西宁：青海人民出版社.

张成材，朱世奎，1987. 西宁方言志［M］. 西宁：青海人民出版社.

张盛裕，1979. 潮阳方言的连读变调［J］. 方言（2）：93–121.

张盛裕，张成材，1986. 陕甘宁青四省去汉语方言的分区［J］. 方言（2）：93–105.

张冠宇，2012. 兰州话单字音声调格局的统计分析［J］. 现代语文（语言研究版）（3）：12–18.

张惠英，1979. 崇明方言的连读变调［J］. 方言（4）：284–302.

张建军，2009. 藏语和河州汉语方言的接触史及接触类型［J］. 西藏研究（2）：63–70.

张建军，2014. 汉语西北方言语音演变的历史研究概述［J］. 西北民族大学学报（哲学社会科学版）（4）：76–81.

张静芬，朱晓农，2017. 声调大链移——从惠来普宁一带的共时差异看声调的系统演化［J］. 中国语文（5）：522–535.

张黎，刘伶，2013. 二十年来甘肃方言语音研究综述［J］. 宝鸡文理学院学报（社会科学版）（5）：73–77.

张盛裕，1979. 潮阳方言的连读变调［J］. 方言（2）：93–121.

张盛裕，1984. 银川方言的声调［J］. 方言（1）：19–26.

张盛裕，1985. 敦煌音系记略［J］. 方言（2）：134–139.

张盛裕，张成材，1986. 陕甘宁青四省区汉语方言的分区［J］. 方言（2）：93–105.

张世方，2000. 汉语方言三调现象初探［J］. 语言研究（4）：48–61.

张文轩，2006. 高本汉所记兰州声韵系统检讨［J］. 西北师大学报（社会科学版）（1）：42–46.

张文轩，邓文靖，2005. 三声调方言定西话的语音特点［J］. 语言研究（2）：40–44.

张文轩，邓文靖，2008a. 三声调方言临洮话的语音系统［J］. 甘肃高师学报（6）：59–60.

张文轩，邓文靖，2008b. 三声调方言天水话的两字组连读变调［J］. 南京师范大学文学院学报（4）：178–183.

张文轩，邓文靖，2009. 三声调方言天水话的音系特征［J］. 甘肃社会科学（3）：191–192.

张文轩，邓文靖，2010. 二声调方言红古话的语音特点［J］. 语言研究（4）：85–88.

张文轩，莫超，2009. 兰州方言词典［M］. 北京：中国社会科学出版社.

张燕来，2003. 兰银官话语音研究［D］. 北京语言大学.

赵健，1992. 天水方言的声调问题［J］. 天水师专学报（哲社版）(1)：22–29.

赵亚伟，2017. 新疆永宁话语音研究［D］. 新疆大学.

赵元任，1928. 现代吴语的研究［M］. 北京：科学出版社 1956 年影印本.

赵元任，1980. 一套标调的字母［J］. 方言（2）：81–83.

赵元任，2011. 现代吴语的研究［M］. 北京：商务印书馆.

郑张尚芳，1964. 温州方言的连读变调［J］. 中国语文（2）.

周晨磊，2016. 青海贵德周屯话的"们"［J］. 方言（2）：253–256.

周晨磊，2018. 青海周屯话参考语法［D］. 南开大学.

周磊，1991. 吉木萨尔方言同音字汇［J］. 方言（1）：40–49.

周磊，1997. 乌鲁木齐话音档［M］. 上海：上海教育出版社.

周磊，1998. 吐鲁番汉语方言音系［J］. 方言（2）：122–131.

周磊，2005. 兰银官话的分区［J］. 方言（3）：271–278.

周磊，2007. 新疆维吾尔自治区的中原官话［J］. 方言（2）：163–166.

朱晓农，2009. 声调起源于发声——兼论汉语四声的发明［M］//语言研究集刊（第六辑）. 上海：上海辞书出版社：1–29.

朱晓农，2010. 语音学［M］. 北京：商务印书馆.

朱晓农，2012. 降调的种类［J］. 语言研究（2）：1–16.

朱晓农，2014. 声调类型大要——对调型的研究［J］. 方言（3）：193–205.

朱晓农，2018. 演化比较法：如何进行声调演化的研究？［J］. 语言科学（2）：113–132.

朱晓农，石德富，韦名应，2012. 鱼粮苗语六平调和三域六度标调制［J］. 民族语文（4）：3–12.

朱晓农，衣莉，2011. 两折调的故事［M］//语言研究集刊（第六辑）. 上海：上海辞书出版社：129–141.

朱晓农，衣莉，2015. 西北地区官话声调的类型［J］. 语文研究（3）：1–11.

朱晓农，章婷，衣莉，2012. 凹调的种类——兼论北京话上声的音节学性质［J］. 中国语文（5）：420–436.

英文

Baayen R H, 2008. Analyzing linguistic data：a practical introduction to statistics［M］.

New York: Cambridge University Press.

Carroll Lucien, 2010. A diachronic chain shift in the sandhi tones of Jinhua Wu [R]. Linguistics Student Association Colloquium, San Diego State University.

Chao Liu, Dong Wang, Zhiyong Zhang, 2014. Pruning deep neural networks by optimal brain damage [Z]. Interspeech.

Chao Yuanren, 1933. Tone and intonation in chinese [Z]. 史语所集刊四本三分.

Chen Mattew, 2001. Tone Sandhi : patterns across chinese dialects [M]. New York : Cambridge University Press; Beijing: Foreign Language Teaching and Research Press.

Cheng Chin-Chuan, 1973. A quantitative study of chinese tones [J]. Journal of Chinese Linguistics, (1): 93–110.

Cheng Chin-Chuan, 1986. Quantifying affinity among chinese dialects [Z]. Language Learning Laboratory LLL-T-10-86, University of Illinois, Urbana-Champaign.

Cheng Chin-Chuan, 1993. Quantifying dialect mutual intelligibility [Z]. Language Learning Laboratory Technical LLL-T-21-93.

Clements G N, Michaud A, Patin C, 2011. "Do we need tone feature?" Tones and features : phonetic and phonological perspective [M] // Goldsmith, J. A, Elizabeth Hume, Leo Wetzels. De Gruyter Mouton,3–24.

Fromkin Victoria, Robert Rodman, Nina Hyams, 2007. An introduction to language [M]. Beijing: Beijing University Press.

Hyman Larry, 2013. Towards a typology of tone system changes [Z]. International Conference on Phonetics and Phonology (3rd ICPP), National Institute for Japanese Language and Linguistics (NINJAL).

Heyes Bruce, 2009. Introductory phonology [M]. New Jersey: Wiley-Blackwell.

Johnson Keith, 2008. Quantitative methods in linguistics [M]. New Jersey: Blackwell.

Kennedy G A, 1953. Two tone patterns in Tangsie [J] Langauge.

Labov William, 1963. The social motivation of a sound change [J]. Word, 19: 273–309.

Labov William, 1966. The social stratification of English in New York City [M]. Washington, DC: Center for Applied Linguistics.

Labov William, 2001. Principle of linguistic change, social factors [M]. Wiley-Blackwell.

Lee Leslie, 2010. The tonal system of Singapore Mandarin [C] // Lauren Eby Clemens, Chi-Ming Louis Liu. Proceedings of the 22nd North American Conference on Chinese Linguistics (NACCL-22) & the 18th International Conference on Chinese Linguistics (IACL-18). Cambridge, MA: Harvard University, 345–362.

Mok, Peggy P. K. , Zuo, Donghui, Wong, Peggy W. Y, 2013. Production and perception of a sound change in progress : tone merging in Hong Kong Cantonese [J]. Language Variation and Change, 25(3): 341–370.

Pittayaporn Pittayawat, 2007. Directionality of tone change [C] // Jurgen Trouvain, William J. Barry. Proceedings of the 16th International Congress of Phonetic Sciences (ICPhSXVI). Saarbrucken: Saarland University, 1421–1424.

Sanders Robert, 2008. Tonetic sound change in Taiwan Mandarin : the case of tone 2 and tone 3 citation contours [C] // Marjorie K. M. Chan, Hana Kang. Proceedings of the 20th North American Conference on Chinese Linguistics (NACCL-20). Columbus, Ohio : The Ohio State University, 87–107

Shi Yin, Chao Liu, Zhiyong Zhang, 2015. Noisy Training for Deep Neural Networks in Speech Recognition [Z]. EURASIP ASM.

Teeranon Phanintra, 2007. The change of Standard Thai high tone : An acoustic study and a perceptual experiment [J]. SKASE Journal of Theoretical Linguistics, 4(3): 1–16.

Wang William, 1967. Phonological Features of Tones [J]. International Journal of American Linguistics, (33): 93–105.

Woo Nancy, 1969. Prosody and Phonology [D]. MIT dissertation.

Xin Ling, 2015. Tonal languages arose in humid climates [J]. Science Magazine, Jan, 23.

Xiangtao Meng, Chao Liu, Zhiyong Zhang, etc. 2014. Noisy training for deep neural networks [J]. ChinaSIP.

Yang Cathryn, James N Stanford, Zhengyu Yang, 2015. A sociotonetic study of Lalo tone split in progress [J]. Asia-Pacific Language Variation,1(1): 52–77.

Yi Li & Duanmu San, 2015. Phonemes, features, and syllables : converting onset and rime inventories to consonants and vowels [J]. Language and Linguistics,16(6): 819–842.

Yi Li & Kang Shihui, 2014. Analysis on the pronunciation "T" in Chinese English [J]. US-China Foreign Language, 12 No. 8, Aug.

Yip M, 2002. Tone [M]. New York: Cambridge University Press.

Zhang Hongzhen, Yi Li and Kang Shihui, 2013. A probe into the differences between China English rhythm and American English rhythm [J]. US-China Foreign Language,11, No. 2, Feb.

Zhu Xiaonong, Yi Li, Zhangting, 2012. Types of dipping tones [Z]. TAL2012, Nanjing : 27–28 May.

Zhu Xiaonong and Yi Li, 2012. Double circumflex and back dipping : report on two newly confirmed types of contour tones in Chinese [J]. Cahiers de Linguistique Asie Orientale, 41 : 81–106.

Zhu Xiaonong, 2012. Multi registers and four Levels : a new tonal model [J]. Journal of Chinese Linguistics, 40 (1): 1–17.

Zsiga Elizabeth, 2008. Modeling diachronic change in the Thai tonal space [J]. University of Pennsylvania Working Papers in Linguistics,14(1): 395–408.

附录

项目调研发音人情况一览表

序号	姓名	性别	出生年份	职业	学历	方言片	行政区	市/县/乡镇
1	蒲 XC	男	1998	学生	技校	中原陇中	青海	乐都县/马营乡
2	徐 SL	男	1979	教师	博士	中原陇中	青海	乐都县/瞿昙乡
3	李 YY	男	1993	工人	初中	中原陇中	青海	民和县/马场垣乡
4	赵 HW	男	1997	学生	技校	中原陇中	青海	民和县/隆治乡
5	赵 Q	男	1998	学生	技校	中原陇中	青海	民和县/隆治乡
6	马 XZ	男	1969	公务员	中专	中原陇中	青海	民和县/巴州镇
7	韩 LP	女	1994	学生	本科	中原陇中	青海	循化县/街子乡
8	韩 JJ	女	1996	学生	本科	中原陇中	青海	循化县
9	韩 JY	女	1993	教师	本科	中原陇中	青海	循化县
10	陕 XX	女	1993	教师	本科	中原陇中	青海	循化县
11	马 HX	女	1993	教师	本科	中原陇中	青海	大通县/桥头镇
12	肖 QL	男	1987	教师	硕士	中原陇中	青海	大通县/城关镇
13	白 Y	男	1991	职员	本科	中原秦陇	青海	西宁市/城东区
14	钟 Z	女	1988	职员	本科	中原秦陇	青海	西宁市/城西区
15	马 L	女	1996	学生	本科	中原秦陇	青海	西宁市/城西区
16	雷 L	女	1992	教师	本科	中原秦陇	青海	西宁市
17	王 SC	男	1970	教师	博士	中原秦陇	青海	门源县
18	杜 HY	女	1996	学生	本科	中原秦陇	青海	门源县/浩门镇
19	马 WQ	男	1995	学生	本科	中原秦陇	青海	门源县/青石嘴镇
20	韩 DC	男	1995	学生	本科	中原秦陇	青海	门源县/阴天乡
21	李 JC	女	1997	学生	本科	中原秦陇	青海	互助县/威远镇

序号	姓名	性别	出生年份	职业	学历	方言片	行政区	市/县/乡镇
22	李 WL	男	1999	学生	技校	中原秦陇	青海	互助县/五峰镇
23	雷 WF	男	1999	学生	技校	中原秦陇	青海	互助县/丹麻镇
24	多 JJ	女	1996	学生	本科	中原秦陇	青海	化隆县/查甫乡
25	马 WQ	女	1995	学生	本科	中原秦陇	青海	化隆县/巴燕镇
26	张 L	女	1996	学生	本科	中原秦陇	青海	湟源县/湟源县
27	马 Y	男	1996	学生	本科	中原秦陇	青海	湟中县/大才乡
28	邢 C	女	1993	教师	本科	藏语区	青海	祁连县/城关区
29	马 HY	男	2000	学生	技校	藏语区	青海	乌兰县/希里沟镇
30	马 XJ	女	1997	学生	本科	藏语区	青海	兴海县/城关镇
31	黄 RY	女	1995	学生	本科	藏语区	青海	都兰县/香日德镇
32	雪 F	女	1974	服务	初中	中原陇中	甘肃	临夏市/临夏县
33	石 ZF	女	1974	服务	初中	中原陇中	甘肃	临夏市/临夏县
34	马 HQ	女	1975	服务	初中	中原陇中	甘肃	临夏市/马家庄
35	张 XQ	男	1975	经理	高中	中原陇中	甘肃	临夏市/市区
36	张 F	女	1976	服务	高中	中原陇中	甘肃	临夏市/市区
37	马 HF	男	1973	工人	初中	中原陇中	甘肃	临夏市/市区
38	王 L	男	1974	厨师	初中	中原陇中	甘肃	临夏市/市区
39	张 JY	男	1983	公务员	本科	中原陇中	甘肃	临夏市/市区
40	王 YZ	男	1972	医生	本科	中原陇中	甘肃	临夏市/市区
41	马 HW	男	1968	商户	高中	中原陇中	甘肃	临夏市/市区
42	王 YZ	女	2001	学生	高中	中原陇中	甘肃	临夏市/市区
43	马 M	男	1994	商户	本科	中原陇中	甘肃	临夏市/市区
44	喇 PY	男	1987	公务员	本科	中原陇中	甘肃	临夏市/市区
45	王 XL	女	1978	服务	初中	中原陇中	甘肃	临夏市/王闵家
46	李 F	男	1976	干部	大学	中原陇中	甘肃	永靖县/刘家峡镇
47	豆 MX	女	1998	学生	高中	中原陇中	甘肃	永靖县/刘家峡镇
48	罗 LH	男	1973	干部	中专	中原陇中	甘肃	永靖县/刘家峡镇
49	孔 LH	男	1967	农民	高中	中原陇中	甘肃	永靖县/刘家峡镇

续表

序号	姓名	性别	出生年份	职业	学历	方言片	行政区	市/县/乡镇
50	王 LP	女	1975	护士	中专	中原陇中	甘肃	永靖县/刘家峡镇
51	王 YL	女	1999	学生	高中	中原陇中	甘肃	永靖县/三垣镇
52	刘 CJ	女	1970	护士	中专	中原陇中	甘肃	永靖县/三垣镇
53	孔 WS	男	1984	干部	本科	中原陇中	甘肃	永靖县/太极镇
54	孔 CS	男	1997	学生	高中	中原陇中	甘肃	永靖县/太极镇
55	罗 HM	女	1989	干部	本科	中原陇中	甘肃	永靖县/西河镇
56	王 SY	女	1980	干部	本科	中原陇中	甘肃	永靖县/岘垣镇
57	张 JW	男	1998	学生	高中	中原陇中	甘肃	永靖县/盐锅峡镇
58	李 SZ	女	1987	教师	本科	中原陇中	甘肃	永靖县/盐锅峡镇
59	党 ZY	女	1975	医生	本科	中原陇中	甘肃	永靖县/盐锅峡镇
60	高 DZ	男	1968	教师	本科	兰银河西	甘肃	酒泉市/金塔县
61	高 CL	女	1974	自由职业	高中	兰银河西	甘肃	酒泉市/金塔县
62	卢 D	女	1987	自由职业	大专	兰银河西	甘肃	酒泉市/金塔县
63	卢 D	女	1984	公务员	本科	兰银河西	甘肃	酒泉市/金塔县
64	闫 YF	女	1994	会计	大专	兰银河西	甘肃	酒泉市/金塔县
65	李 J	女	1987	会计	大专	兰银河西	甘肃	酒泉市/金塔县
66	邓 HY	女	1981	会计	大专	兰银河西	甘肃	酒泉市/金塔县
67	巴 DR	男	1983	工人	高中	兰银河西	甘肃	酒泉市/嘉峪关市
68	张 JX	女	1990	护士	大专	兰银河西	甘肃	酒泉市/肃州区
69	郭 YL	女	1970	会计	大专	兰银河西	甘肃	酒泉市/肃州区
70	张 Q	女	1995	会计	大专	兰银河西	甘肃	酒泉市/肃州区
71	贾 Y	男	1971	医生	本科	兰银河西	甘肃	酒泉市/肃州区
72	闫 ZL	男	1987	公务员	硕士	兰银河西	甘肃	酒泉市/肃州区
73	李 N	女	1996	护士	中专	兰银河西	甘肃	酒泉市/肃州区
74	顾 HJ	女	1987	教师	本科	兰银河西	甘肃	酒泉市/肃州区
75	薛 HL	女	1975	旅游	本科	兰银河西	甘肃	酒泉市/肃州区
76	薛 GL	女	1980	旅游	大专	兰银河西	甘肃	酒泉市/肃州区
77	王 WC	男	1974	企业	本科	兰银河西	甘肃	酒泉市/肃州区

续表

序号	姓名	性别	出生年份	职业	学历	方言片	行政区	市／县／乡镇
78	田WY	女	1990	旅游	大专	兰银河西	甘肃	酒泉市／肃州区
79	王YT	女	1994	销售	大专	兰银河西	甘肃	酒泉市／肃州区
80	王MJ	女	1987	会计	大专	兰银河西	甘肃	酒泉市／肃州区
81	张J	女	1988	自由职业	高中	兰银河西	甘肃	酒泉市／玉门市
82	牛XX	女	1988	教师	本科	兰银河西	甘肃	酒泉市／瓜州县
83	祁XJ	男	1986	公务员	本科	兰银河西	甘肃	金昌市／永昌县
84	高RBB	男	1967	自由职业	大专	兰银河西	甘肃	金昌市／永昌县
85	段HR	男	1983	教师	硕士	兰银河西	甘肃	武威市／民勤县
86	陈XP	女	1985	教师	硕士	兰银河西	甘肃	武威市／凉州区
87	张JP	男	1991	老师	本科	兰银河西	甘肃	武威市／古浪县
88	马JM	女	1991	旅游	本科	兰银河西	甘肃	武威市／天祝县
89	张YW	男	1990	工人	中专	兰银河西	甘肃	武威市／民勤县
90	李DC	男	1974	教师	硕士	兰银河西	甘肃	张掖市／民乐县
91	吴H	女	1997	旅游	大专	兰银河西	甘肃	张掖市／高台
92	马XT	女	1987	老师	中专	兰银河西	甘肃	张掖市／高台
93	谷XL	女	1986	服务员	高中	兰银河西	甘肃	张掖市／临泽县
94	杨F	女	1995	护士	中专	兰银河西	甘肃	张掖市／临泽县
95	安YX	女	1978	个体	高中	兰银河西	甘肃	张掖市／肃南县
96	丁GQ	女	1979	个体	中专	兰银河西	甘肃	张掖市／肃南县
97	安F	男	1988	医生	本科	兰银河西	甘肃	张掖市／肃南县
98	安CX	女	1990	护士	中专	兰银河西	甘肃	张掖市／肃南县
99	杨YH	女	1997	护士	中专	兰银河西	甘肃	张掖市／肃南县
100	马RX	女	1985	学生	硕士	中原关中	宁夏	固原市／泾源县
101	宋W	女	1993	学生	本科	中原关中	宁夏	固原市／泾源县
102	金Y	女	1992	学生	本科	中原秦陇	宁夏	固原市／固原市
103	马XYY	女	1999	学生	大学	中原秦陇	宁夏	固原市／原州区
104	马XY	女	1988	学生	本科	中原秦陇	宁夏	固原市／原州区
105	马H	女	1998	学生	大学	中原秦陇	宁夏	固原市／原州区

续表

序号	姓名	性别	出生年份	职业	学历	方言片	行政区	市/县/乡镇
106	黄 AA	男	1997	学生	大学	中原秦陇	宁夏	固原市 / 原州区
107	郭 HY	男	1995	学生	大学	中原秦陇	宁夏	固原市 / 原州区
108	马 TY	男	2001	学生	高中	中原秦陇	宁夏	固原市 / 彭阳县
109	虎 YL	女	1996	学生	大学	中原秦陇	宁夏	固原市 / 彭阳县
110	母 SJ	女	1986	公务员	硕士	中原秦陇	宁夏	固原市 / 彭阳县
111	虎 NN	女	1996	学生	大学	中原秦陇	宁夏	固原市 / 彭阳县
112	辛 SS	女	1998	学生	大学	中原陇中	宁夏	固原市 / 隆德县
113	赵 HL	男	1996	学生	大学	中原陇中	宁夏	固原市 / 隆德县
114	张 ZH	女	1995	学生	大学	中原陇中	宁夏	固原市 / 隆德县
115	陈 J	女	1993	学生	本科	中原陇中	宁夏	固原市 / 隆德县
116	马 CH	男	2003	学生	高中	中原陇中	宁夏	固原市 / 西吉县
117	靳 T	女	1996	学生	大学	中原陇中	宁夏	固原市 / 西吉县
118	杨 PZ	男	1998	学生	大学	中原陇中	宁夏	固原市 / 西吉县
119	焦 YT	男	1999	学生	大学	中原陇中	宁夏	固原市 / 西吉县
120	常 Q	女	1996	学生	大学	中原陇中	宁夏	中卫市 / 海原县
121	李 H	男	2001	学生	高中	中原陇中	宁夏	中卫市 / 海原县
122	张 Q	男	1991	学生	本科	中原陇中	宁夏	中卫市 / 海原县
123	赵 YY	女	1991	学生	本科	中原陇中	宁夏	中卫市 / 海原县
124	田 Z	男	1991	学生	本科	中原陇中	宁夏	中卫市 / 海原县
125	马 LZ	女	1994	学生	本科	中原陇中	宁夏	中卫市 / 海原县
126	杨 XH	女	1997	学生	大学	中原陇中	宁夏	中卫市 / 海原县
127	李 J	女	1996	学生	大学	中原陇中	宁夏	中卫市 / 海原县
128	田 HT	男	1995	学生	大学	中原陇中	宁夏	中卫市 / 海原县
129	杨 WF	女	2001	学生	高中	中原陇中	宁夏	中卫市 / 海原县
130	田 ZF	男	1996	学生	大学	中原陇中	宁夏	中卫市 / 海原县
131	杨 Y	女	1999	学生	大学	兰银银吴	宁夏	吴忠市 / 同心县
132	马 Z	男	1999	学生	大学	兰银银吴	宁夏	吴忠市 / 同心县
133	张 ZJ	男	1998	学生	大学	兰银银吴	宁夏	吴忠市 / 同心县

序号	姓名	性别	出生年份	职业	学历	方言片	行政区	市 / 县 / 乡镇
134	马 WY	女	1993	学生	本科	兰银银吴	宁夏	吴忠市 / 同心县
135	杨 JB	男	1997	学生	大学	兰银银吴	宁夏	吴忠市 / 同心县
136	杨 LM	女	1989	学生	本科	兰银银吴	宁夏	吴忠市 / 同心县
137	马 D	女	1993	学生	本科	兰银银吴	宁夏	吴忠市 / 同心县
138	石 WH	男	1993	学生	本科	兰银银吴	宁夏	吴忠市 / 盐池县
139	王 LS	女	1962	公务员	本科	兰银银吴	宁夏	银川市 / 城关
140	葛 P	男	1995	学生	大学	兰银银吴	宁夏	中卫市 / 沙坡头区
141	林 H	男	1994	学生	大学	兰银银吴	宁夏	中卫市 / 沙坡头区
142	黄 SJ	女	1997	学生	大学	兰银银吴	宁夏	中卫市 / 沙坡头区
143	李 JJ	男	1999	学生	大学	兰银银吴	宁夏	中卫市 / 中宁县
144	张 Y	女	1992	学生	本科	兰银银吴	宁夏	中卫市 / 中宁县
145	蒋 H	女	1989	学生	本科	兰银银吴	宁夏	青铜峡市
146	吴 XL	男	1989	学生	本科	兰银银吴	宁夏	石嘴山 / 市区
147	柳 JL	女	1997	学生	大学	兰银银吴	宁夏	石嘴山 / 平罗县
148	王 YN	女	1991	公务员	硕士	兰银银吴	宁夏	银川市 / 永宁县
149	陈 BZ	男	1947	工人	小学	兰银金城	甘肃	兰州市 / 西固区
150	陈 WM	女	1965	工人	高中	兰银金城	甘肃	兰州市 / 西固区
151	孙 FY	女	1955	居民	初中	兰银金城	甘肃	兰州市 / 西固区
152	陈 HL	女	1968	教师	大学	兰银金城	甘肃	兰州市 / 西固区
153	陈 YX	男	1970	警察	大学	兰银金城	甘肃	兰州市 / 西固区
154	陈 HLL	女	1977	工人	大学	兰银金城	甘肃	兰州市 / 西固区
155	王 ZC	男	1955	居民	高中	兰银金城	甘肃	兰州市 / 西固区
156	齐 YZ	女	1940	居民	初中	兰银金城	甘肃	兰州市 / 西固区
157	吴 XH	女	1947	居民	小学	兰银金城	甘肃	兰州市 / 西固区
158	杨 L	女	1994	老师	大学	兰银金城	甘肃	兰州市 / 西固区
159	许 XY	女	1945	居民	小学	兰银金城	甘肃	兰州市 / 西固区
160	陈 XH	女	1968	居民	高中	兰银金城	甘肃	兰州市 / 西固区
161	陈 CY	女	1963	居民	初中	兰银金城	甘肃	兰州市 / 西固区

续表

序号	姓名	性别	出生年份	职业	学历	方言片	行政区	市/县/乡镇
162	孙 MH	男	1963	居民	高中	兰银金城	甘肃	兰州市/西固区
163	彭 LP	女	1950	退休	小学	兰银金城	甘肃	兰州市/七里河区
164	黄 GZ	女	1944	小学教师	高中	兰银金城	甘肃	兰州市/七里河区
165	薛 GF	女	1937	营业员	初中	兰银金城	甘肃	兰州市/七里河区
166	张 MG	男	1942	工人	高中	兰银金城	甘肃	兰州市/七里河区
167	崔 TY	男	2000	学生	高中	兰银金城	甘肃	兰州市/城关区
168	郭 TP	男	2000	学生	高中	兰银金城	甘肃	兰州市/城关区
169	张 ZY	女	2000	学生	高中	兰银金城	甘肃	兰州市/城关区
170	丁 XY	男	2000	学生	高中	兰银金城	甘肃	兰州市/城关区
171	张 Z	男	2000	学生	高中	兰银金城	甘肃	兰州市/城关区
172	郭 YM	男	1999	学生	高中	兰银金城	甘肃	兰州市/城关区
173	周 DD	男	1999	学生	高中	兰银金城	甘肃	兰州市/城关区
174	郭 Y	女	1978	老师	大专	兰银金城	甘肃	兰州市/城关区
175	许 N	女	1975	老师	大学	兰银金城	甘肃	兰州市/城关区
176	蔡 XM	女	1975	老师	大学	兰银金城	甘肃	兰州市/城关区
177	陈 SC	女	1978	老师	大学	兰银金城	甘肃	兰州市/城关区
178	岳 L	男	1975	老师	大学	兰银金城	甘肃	兰州市/城关区
179	李 X	男	2001	学生	高中	兰银金城	甘肃	兰州市/城关区
180	苏 J	女	2001	学生	高中	兰银金城	甘肃	兰州市/城关区
181	苏 L	女	1970	商人	大专	兰银金城	甘肃	兰州市/安宁区
182	尹 W	女	1987	教师	硕士	兰银金城	甘肃	兰州市/安宁区
183	魏 ZB	男	1957	村长	小学	兰银金城	甘肃	兰州市/皋兰县
184	王 MF	男	1945	医生	初中	兰银金城	甘肃	兰州市/红古区
185	黄 YL	男	1989	警察	大学	兰银金城	甘肃	兰州市/红古区
186	陈 FY	男	1988	工人	大专	兰银金城	甘肃	兰州市/红古区
187	冶 XY	女	1995	警察	大学	兰银金城	甘肃	兰州市/红古区
188	张 J	男	1997	警察	中专	兰银金城	甘肃	兰州市/红古区
189	马 RY	男	1987	警察	大专	兰银金城	甘肃	兰州市/红古区

序号	姓名	性别	出生年份	职业	学历	方言片	行政区	市/县/乡镇
190	赵 XF	男	1965	工人	初中	兰银金城	甘肃	兰州市/红古区
191	闫 JQ	男	1999	工人	初中毕业	兰银金城	甘肃	兰州市/红古区
192	张 P	女	1995	工人	高中	兰银金城	甘肃	兰州市/红古区
193	王 ZY	男	1971	教师	大专	兰银金城	甘肃	兰州市/红古区
194	米 DX	男	1952	工人	小学	兰银金城	甘肃	兰州市/红古区
195	金 WL	男	1963	工人	高中	兰银金城	甘肃	兰州市/红古区
196	李 JC	男	1989	工人	高中	兰银金城	甘肃	兰州市/永登县
197	方 SL	女	1944	农民	小学	兰银金城	甘肃	兰州市/永登县
198	李 AX	男	1972	教师	大学	兰银金城	甘肃	兰州市/永登县
199	鲁 TY	男	1953	教师	大学	兰银金城	甘肃	兰州市/永登县
200	赵 MS	男	1987	教师	大学	兰银金城	甘肃	兰州市/永登县
201	赵 JH	女	1989	教师	大学	兰银金城	甘肃	兰州市/永登县
202	石 DW	男	1982	工人	初中	兰银金城	甘肃	兰州市/永登县
203	李 SX	男	1986	商人	大学	兰银金城	甘肃	白银市/平川区
204	田 LP	男	1988	教师	大学	中原陇中	甘肃	白银市/会宁县
205	朱 L	女	缺	教师	硕士	中原陇中	甘肃	白银市/会宁县
206	李 HT	男	1989	学生	大学	中原陇中	甘肃	平凉市/静宁县
207	毛 XH	女	1987	学生	大学	中原陇中	甘肃	定西市/临洮县
208	成 Q	女	1989	学生	大学	中原陇中	甘肃	天水市/秦安县
209	李 XJ	男	1983	工人	高中	中原陇中	甘肃	天水市/秦安县
210	蒲 LJ	女	1987	学生	大学	中原陇中	甘肃	天水市/清水县
211	裴 YD	男	1980	学生	硕士	中原陇中	甘肃	天水市/武山县
212	王 J	女	1978	学生	硕士	中原陇中	甘肃	定西市/通渭县
213	王 X	男	1989	学生	大学	中原陇中	甘肃	定西市/渭源县
214	杜 SQ	男	1982	教师	硕士	中原陇中	甘肃	武威市/庄浪县
215	董 WQ	男	1981	学生	硕士	中原秦陇	甘肃	定西市/陇西县
216	朱 FL	男	1976	教师	博士	中原秦陇	甘肃	定西市/陇西县

续表

序号	姓名	性别	出生年份	职业	学历	方言片	行政区	市/县/乡镇
217	马 M	男	1987	学生	硕士	中原秦陇	甘肃	陇南市/两当县
218	李 P	女	1989	学生	大学	中原秦陇	甘肃	陇南市/礼县
219	蒋 CY	女	1991	学生	大学	中原秦陇	甘肃	平凉市/泾川县
220	赵 BM	男	1989	学生	大学	中原秦陇	甘肃	庆阳市/庆城县
221	王 KC	男	1994	会计	大专	中原秦陇	甘肃	庆阳市/环县
222	魏 S	男	1982	学生	硕士	中原秦陇	甘肃	天水市/甘谷县
223	莫 C	男	1963	教师	博士	中原秦陇	甘肃	陇南市/文县
224	刘 WY	女	1988	学生	大学	中原秦陇	甘肃	白银市/景泰县
225	张 AL	女	1985	学生	大学	中原秦陇	甘肃	白银市/靖远县
226	葛 LL	男	1985	学生	硕士	中原关中	甘肃	庆阳市/宁县
227	陈 MF	女	1991	学生	本科	兰银北疆	新疆	奇台县/古城乡
228	张 C	女	1992	学生	本科	兰银北疆	新疆	木垒县
229	潘 DM	女	1977	退休	—	兰银北疆	新疆	老沙湾
230	马 J	男	1991	教师	硕士	兰银北疆	新疆	市区
231	朱 WN	女	1992	学生	大学	兰银北疆	新疆	—
232	张 XD	男	1974	公务员	中专	北京官话	新疆	伊宁县
233	刘 Y	男	1991	经商	大专	北京官话	新疆	142兵团
234	付 C	男	—	学生	大学	北京官话	新疆	—
235	唐 Y	女	1972	教师	大学	北京官话	新疆	—
236	李 CL	女	—	195学生	缺	北京官话	新疆	—

注：信息为2010—2015年调查时所录。

后　记

2008 年至 2011 年，我在中国社会科学院民族学与人类学研究所博士后流动站工作期间，参与了香港科技大学朱晓农教授的研究课题"Tonal typology of northwest Mandarin"（西北方言声调类型），田野调查录音点包括陕西、甘肃、宁夏、青海、新疆等地共 100 多个方言点，调查结束后，我又独自完成了对调查点所有材料的语音数据处理，与朱晓农教授合作撰写论文《西北地区官话声调的类型》，并发表于 2015 年第 3 期的《语文研究》上。调研的初衷本来是对西北官话的声调进行一个概括性的描写，弥补原来因为调查方法的不足引起的欠缺。调研时我也做了很多文献上的研读，当时认为西北方言的声调描写应该是个比较简单的工作，至少没有发声态的问题。我们和前人研究的区别在于我们研究方法的更新——不再是传统口耳调研的方法，而是利用现代语音研究软件，能够更加科学准确地描写。但是，在田野调研和整理数据的过程中，我们发现了大量和原有文献不一致的声调现象。例如，西宁、兰州、固原、金昌都出现了声调的调类远远少于文献描写的情况。我们所做的调研报告，也就是后期发表的论文中也提到这些问题，这些问题不断地困扰着我，因为我总是担心会不会是调研中的偶然性，碰巧被我们遇到，从而影响我们的判断。之后的每个假期我都会自费去西北做一些零散的调研，但势单力薄，总是感觉力不从心。2015 年，我获得教育部人文社科一般项目"西北方言声调合并现象研究"的支持；2017 年，又获得国家社科基金一般项目"西北三声调方言的连字调研究"的支持。这两项国家资金的支持让我欣喜若狂，就像是上天知道我的心心念念，专门给我一个机会去探寻声调的真相。直到今天我都觉得这真是我人生中的一大幸事！

这本书虽然已经出版，但是调研工作还在进行之中，并没有结束。书中已经提到，在已经完成的工作中，我基本做到了几点突破。首先，在调研人数上，截至写这篇"后记"之时，我一共实地调研了 265 位 ❶ 发音人，143 个方言点，针对比较复杂的方言点，如兰州、西宁、永登，都有至少 15 位以上的发音人。其次，我在收集语料时，除了按照《方言调查字表》来录制单字调、双字调和三字调外，还收集了很多自然语流（spontaneous speech）的材料，然后比照《方言调查字表》，对自然语流的材料进行切分、处理，再进行分析。最后，我已经比较全面地分析了西北官话单音节字调合并的现象，并且探讨了部分成因。但是后续的工作还有很多，特别是针对西北官话连字调的研究。

前期的研究让我形成一个观点：连字调才是研究西北官话的重要节点，因为人们在日常生活中，双音节词、多音节词的使用数量已经远远超过单音节词，甚至可以说多音节词在语流中的表现形式是最自然的形式。以往的很多看法是单字调是本调，连读调是变调。但如果一个方言中单音节词非常少，大部分口语表达或者说几乎所有的表达，基本都是以双音节词或多音节词（组）的形式出现，就需要关注哪个是本调，哪个是变调，底层和表层之间的相互交叉关系，以及他们的转换如何形成等问题。我个人认为对连字调的研究也是揭示单音节字调合并的成因及演化趋势的关键。这也是我接下来要做的事情。还有一个角度也是在接下来的研究中需要关注的问题，那就是声调自然演化的问题。就在不久前，凯瑟琳·杨和许毅（2019）在梳理了 52 个包括汉语、壮侗语、苗瑶语和藏缅语的声调演化的研究后发现，声调演化在跨语言之间竟然有惊人相似的倾向性。他们指出，"声调的变化是一个很复杂的过程，很多人认为不可预测，但是这个研究显示，声调的变化并不是随机的，或者不能解释的"。他们又指出，大多数的声调变化 / 演化都是沿着"顺时针的方向"进行，"尽管也有逆时针的方向变化，但是属于少数……声调的很多合并或者分裂会与语音变化的模式相契合"。朱晓农、林晴、趴差桠（2015）也提到声调演化的一个模式：{32 > 42 > 52 > 55 > 45 > 35 > 24 > 23|323|32}。我对西北官话声调合并现象的研究其实是研究声调演化过程中的一个重要环节，在声调的轮回中，西北官话的声调合并现象就像声调消亡的最后一环，可以看作声调的结束，也可以看作声调

---

❶ 包括 2016—2018 年调研的 29 人。

的起点。以我在兰州永登县河桥镇的调研为例，当时我住在河桥镇的一户人家，这家户主帮我到镇上找她的熟人录音时，其他人会在院子里聊天。通过观察他们的聊天，我发现他们交流顺畅，这当然也是意料之中的情况，但是单音节字调的统计结果却发现他们彼此的单音节字调模式都不一样。这看起来非常不可思议，有的发音人形成"平—降"的对立，有的发音人形成"平—升"的对立，有的形成"降—折调"的对立，相同之处就是他们都只是两个单音节字调。从这个角度来看，他们的单字调已经不再是语言交流中的主要单位，或者说，他们已经失去了"单字调"这个概念，每个字在语流中只要表现出高低的差异就行，主要的语言辨义需要多音节词形成更加复杂的对立。这样的情况和语调语言的情况已经非常接近。在这种情况下，多音节字调的对立是怎样的呢？还需要进一步的调查和研究，这正是我下一步要做的工作，希望能够有一个让自己满意，对学界也有贡献的答卷。

所有做过田野调查的人都知道其中的甘苦。我虽然有充分的经费支持，但是我能得到的人力支持还是比较少，主要是因为语音调研需要一些特殊的前期培训，这就对调研人员有比较高的要求。上述提到的调查、录音，大多数是我自己一个人完成的，从2014年到2018年，在调研的过程中我两次复发带状疱疹，每次出差，胃药、口腔溃疡的药物、抗病毒的药物都是必备品。但有苦就有甜，这些经历都是我学术生涯中的宝贵财富。

因为助手难得，我要特别感谢能够抽出时间陪我做调研的学生，她们是中国农业大学外语系的硕士研究生马文慧、外语系本科生兰婧晰、经管学院本科生李榕和兰州大学的硕士研究生李玉春。她们四位都是出于对语言学的喜爱，自愿来协助我调查，调研期间认真负责，在此特别表示感谢！还要感谢协助我整理数据的李晗、李颖异、木觉珏、沈建康、王天炜、詹博心、周泽宇。此外调研的过程中寻找发音人也是一件很棘手、很麻烦的事情，每次都要在调查地寻找有声望、有人脉的朋友帮忙，这里特别要感谢在寻找发音人过程中给予我巨大帮助的中石化研究院兰州化工研究中心张庆国所长、兰州二中的陈煜老师、酒泉酒钢集团的刘莉会计、甘肃电力修造有限公司的谷志怡主任、甘肃省中医院骨科的温剑涛主任、酒泉兴顺达国际旅行社的薛桂玲和薛慧玲姐妹、张掖肃南县的丁桂琴和贾云院长、宁夏博物馆的王怡老师、新疆伊犁的郭俊灵老师、西北师范大学的硕士研究生省玉霞、兰州大学的原梅教授等。名单实在太长，难免会漏掉。没有他们的牵线搭桥，仅靠自己一个人的力量，我根本无法完成这个数量的调研。当然，我最该感激的还包括那些发音人老师，称呼他们为"老师"不是出于客气，也不是因为"老师"成为了流行的称呼，而是从心底里，我的的确确从他们那里学到了很多东西。调研的过程让我日有新知，每一分所思所得都离不开他们。这本书是在项目报告的基础上修订而成的，项目评审专家江荻教授、尹蔚彬教授、张维佳教授、司富珍教授和封宗信教授都从不同的角度提出了宝贵的意见和建议，在此也一并表示感谢！我还要感谢知识产权出版社的高源编辑，要是没有她，这本书的出版还遥遥无期。高源是个很自律、很严谨的人，我这种"间歇性自律，永久性拖延"的人，要是没有她的督促，根本不可能按时、按期完成工作。和她一起工作的这大半年，让我受益匪浅，真是人生处处有良师！

最后，要感谢我的家人，感谢老父亲、姐姐对我每次调研情况的关心和询问，尽管常常和语言学关系不大，但是也让我觉得自己的工作很有意义。还要感谢我的女儿长期对我这个"文科生"的"冷嘲热讽"，让我不断有前进的动力！

衣莉　于紫苑

2019 年 9 月